U0855879

游戏就是儿童的工作。——蒙台梭利

会玩才会学

听故事、玩游戏，养出聪明好孩子

张丽娟/著

中国妇女出版社

图书在版编目（CIP）数据

会玩才会学——听故事、玩游戏，养出聪明好孩子 / 张丽娟著. -- 北京 : 中国妇女出版社, 2014.9

ISBN 978-7-5127-0908-9

Ⅰ. ①会… Ⅱ. ①张… Ⅲ. ①学前儿童–智力开发 Ⅳ. ①G610

中国版本图书馆CIP数据核字(2014)第146356号

会玩才会学——听故事、玩游戏，养出聪明好孩子

作　　者：张丽娟 著
责任编辑：万立正
封面设计：柏拉图
责任印制：王卫东
出版发行：中国妇女出版社
地　　址：北京东城区史家胡同甲24号　　　邮政编码：100010
电　　话：（010）65133160（发行部）　　65133161（邮购）
网　　址：www.womenbooks.com.cn
经　　销：各地新华书店
印　　刷：北京洲际印刷有限责任公司
开　　本：170×240　1/24
印　　张：13
字　　数：200千字
版　　次：2014年9月第1版
印　　次：2014年9月第1次
书　　号：ISBN 978-7-5127-0908-9
定　　价：29.80元

序

游戏：让孩子在玩中成长

一个成年人，学习得最好的时候，常常是静静地坐着倾听的时候，比如听老师讲课或者自己看一本书。但对孩子而言，他们却不能以同样的方式进行心智活动或思维，他们更加适合通过对事物进行实际操作的方式来学习，不管这些活动是搭积木、玩洋娃娃还是过家家。

游戏是一种特殊形式的实践活动，爸爸妈妈千万不要小看孩子玩游戏这件事情，因为无论孩子在游戏中扮演什么角色，做什么动作，他们的思维都在紧张地活动：想象游戏的情节，发展和补充游戏的内容等。这对孩子的认知、情绪情感和社会性的发展起着积极的促进作用。

孩子在游戏时，他会问许多问题，比如“这是什么”“那是什么”“为什么”。新环境、新经历都会自然地引发孩子的好奇心，而这些问题的答案，恰恰能激发孩子学知识的渴望。

在游戏中，孩子不仅再现着各种人物的动作和语言，而且体验着各类人物对不同事物的感情和态度。对学龄前孩子来说，通过游戏进行学习比通过说教更容易接受，孩子为了扮演好某个角色，也许会努力控制自己的行为，自愿地服从游戏的某些规则。他们在游戏中建立的现实伙伴关系和角色关系能为人际交往、克服以自我为中心，以及自觉地按照社会行为规范约束自己等创造有利条件。比如，孩子经常玩的“躲猫猫”游戏，孩子们在游戏中互相协作、配合，有利于孩子团队合作精神的培养；孩子们在过家家游戏中，通过担任不同的角色，用游戏表演家庭生活，这不仅能丰富孩子对家庭的认识，而且由于不同年龄的孩子一起游戏，大家互助合作，形成了良好的社交关系。

游戏能够满足此阶段孩子各种层次的需要，起到促进想象力和创造力的发展，增强自尊心和自信心，帮孩子体验成就感，有助于学习社会交往的技能。通过游戏，孩子可以摆脱外界环境的压力，避开现实生活的不愉快情境，在自由活动中消除内心的积郁，体验成功的快乐。

游戏让孩子更好地了解周围世界，孩子可以用生活用品作为游戏材料，甚至可以让想象中的内容来代替真实物品。所以，孩子通过游戏可以学习和运用多方面的知识和技能，而不是在做无意义的事情。生活中的很多物品都可能成为孩子的游戏元素，比如锅碗瓢盆就是最好的音乐道具，孩子通过对它们的敲击拍打，可以了解声音的大小和节奏。又如，让孩子给玩具小鸭子洗澡，会让孩子发现什么东西可以浮在水面上，什么东西会沉下去。再如，孩子非常喜欢的吹泡泡游戏，当孩子吹出五颜六色的泡泡时，爸爸妈妈可以教会孩子认识颜色，同时还丰富了孩子的词汇量。因此，游戏对孩子来说，不仅是玩耍，也是一种学习和探索，更是一种创造和成长。

看看别人家的孩子，都在玩些什么

在本书的创作过程中，我还向广大的读者尤其是有孩子的家长发出了游戏征集的邀请函，请他们把自己和孩子在一起玩过的、孩子爱玩的、有益于身心发育的好游戏推荐给我，在数量和形式上没有限制和要求，一个或两个都可以。令我感动的是，很多家长对此热情都很高，不仅把游戏的具体方法和步骤告诉了我，还把与孩子一起玩耍时的照片发给了我，这不仅让写作更加顺利，而且传递给我更多的是他们欢乐融洽的家庭氛围，以及陪伴孩子一起成长的快乐。有的妈妈还特意打电话给我，向我讲解她们与孩子一起做游戏时发生的好玩的故事。每一次交谈都那么愉快，妈妈们的话匣子一旦打开，满溢出来的都是对孩子无限的爱与关怀，我也从中受益良多。她们的做法是令人敬佩的，因为这将让更多的孩子和家庭从中受益！

让游戏书不再是“纸上谈兵”

让孩子享受每个游戏，并从中得到学习和成长，乃是本书创作的初衷和方向。针对现在市面上的很多游戏书要么内容雷同，缺乏新意，要么枯燥乏味与时代脱节的问题，本书的创作力求更加实用，突出指导性和操作性，让游戏书不再是“纸上谈兵”。

要想让游戏达到有益孩子的身心发展，重要的是对它们进行科学论证，争取做到让孩子在做游戏的过程中，其运动能力、观察能力、想象力、创造力以及注意力等能得到促进和开发，让每一个游戏不仅好玩，更要对孩子的身心健康发育有益，使这些游戏能成为孩子成长的好伙伴、家长育儿的好帮手！

最后，衷心地祝愿所有的孩子都健康成长，每一个家庭都幸福美满！

张丽娟

2014年6月

目录

前言

“玩”出智商 “玩”出情商

Chapter 1

培养注意力的游戏

Chapter 2

培养想象力的游戏

Chapter 3

培养记忆力的游戏

Chapter 4

培养创新性思维的游戏

Chapter 5

培养动手能力的游戏

Chapter 6

培养运动能力的游戏

Chapter 7

培养语言能力的游戏

Chapter 8

培养观察力的游戏

Chapter 9

培养绘画与音乐能力的游戏

Chapter 10
培养数字概念的游戏

Chapter 11
培养团队合作精神的游戏

前言

“玩”出智商 “玩”出情商

给孩子一个有“玩”的童年

享受更多童年乐趣

在孩子五彩缤纷的童年生活里，家长千万不要忘记和孩子一起做游戏：给孩子机会，让他玩各种不同的东西，如树叶、花儿、羽毛、蛋壳等；也许他会想做一个“百宝箱”，装那些他在外面找到的“宝贝”；或者父母画个小动物，然后给他一些能代表这个动物特征的材料，孩子也许会用羽毛代表鸟，用铝箔代表鱼鳞，等等。

孩子一般都很喜欢做卡片，用它们来庆祝一些特殊的日子，如生日、母亲节等。随着孩子记忆能力的提高，父母应该为他准备一个集锦簿，让他们来收集纪念品和他的“作品”。将来，当孩子有机会回顾过去时，会别有一番滋味。

孩子常常会乱涂乱抹一些人和物，随之他的绘画能力也会不断提高。通过这些稚嫩的作品，孩子同样也会表现出丰富的情感，记忆着童年的色彩。

增进亲子感情

爸爸妈妈和孩子一起做游戏，非常有助于增进亲子关系，尤其是一些平时工作忙、没有太多时间和孩子在一起的爸爸妈妈，如果每天能抽出一定的时间和孩子做游戏，非常有利于增进父母和孩子之间的感情。我在这里要建议的是：当你在和孩子游戏的时候，应该将你的全部注意力投入到游戏当中，这样即使每天只有很短的时间，也会收到很好的效果。为了更好地增进亲子互动，家长可以每天固定一个和孩子一起游戏的时间段，如在睡觉前，或者在给孩子洗澡时，都是不错的和孩子进行游戏的时间。孩子玩游戏得到爸爸妈妈的认可、鼓励和参与，对他的成长非常有益。

游戏是最好的学习

孩子的发育特点

3～6岁的孩子，对什么都充满了好奇，喜欢问“为什么”，常常围着爸爸妈妈问这问那，求知欲很强。他们的思维处于具体形象思维的快速发展期，通过具体形象的鲜明特征来对事物进行理解和把握。

这个阶段的孩子能用语言表达自己的想法，描绘行为。他们的词汇量也在跳跃式地增长，当孩子玩耍时，如果父母鼓励他讲述自己在干什么，会有助于增强其自我表达能力，进一步扩大词汇量。

与之前相比，他们记得更多、观察得更多，也能更多地对行为进行计划。在做选择和决定时，能利用过去的经验为现在服务。

孩子注意力集中的时间相比之前有了增长，但是还只能延长到10~15分钟，并且大多数孩子的情绪较容易波动，控制力弱。

现在，3~6岁的孩子，无论父母做什么事情，都想参与进来。比如，在父母做饭或大扫除时，如果孩子想帮忙，家长可以给他这个机会；父母修理自行车时，孩子就可以在父母的指导下把自行车的气门芯装上去；或者家里的玩具“生病”了，孩子可以在父母的帮助下，为这些玩具“看病”；也许孩子喜欢捏橡皮泥之类的东西，刚开始只能捏出一些简单的形状，但通过不断的练习，也能捏出比较复杂的物体，如动物、人、汽车、宇宙飞船等。

学龄前儿童不适合于规则学习

很多成年人常常认为，学龄前儿童可以按照规则来学习。许多父母有这样的经验：他们一遍又一遍地告诉孩子不要拆散玩具，不要在吃饭的时间看电视，接受别人帮助时要说“谢谢”，但是孩子好像“总是不听话”。这是因为学龄前的孩子还没有内化的思维，他们很难把外部规则内化为自己的需要。结果，他们就可能在今天接受别人的帮助时说了“谢谢”，明天又忘记了。对他们来说，最好的学习方式是通过游戏来学习，游戏为孩子提供了最好的思维训练方法。

Chapter 1

培养注意力的游戏

注意可分为无意注意和有意注意。3～6岁，孩子越来越多地出现有意注意，注意力一般能维持10分钟左右。注意力不集中会极大地妨碍孩子获取信息。家长要充分认识到注意力的培养对孩子成长的重要性，让孩子提高培养自身专注力的积极性、主动性和自觉性。

游戏1 小蝌蚪，在哪里

听故事，玩游戏

今天，妈妈为4岁的笑笑准备了彩笔、白纸和小蝌蚪的图片，笑笑一看要画画了，赶忙搬了把椅子坐到桌子前。原来，妈妈要教笑笑画小蝌蚪。没过多久，妈妈就画出了一群活泼可爱的小蝌蚪。妈妈又一一指出了小蝌蚪的尾巴、头、身子分别在哪里。

好奇的笑笑看到可爱的小蝌蚪，也拿起笔来按照妈妈画好的蝌蚪画了起来。不一会儿，可爱的小蝌蚪就画好了。

看到笑笑已经掌握了小蝌蚪的基本画法，对小蝌蚪的身体各部分已经了解，妈妈便拿出一张干净的白纸，对笑笑说："笑笑已经学会了画小蝌蚪，现在妈妈就来考考你。"说完，妈妈就在白纸上画了一条小蝌蚪的尾巴，让笑笑猜自己画的是小蝌蚪的哪个部分，笑笑一下子猜出了这是小蝌蚪的尾巴。之后，妈妈又画出了小蝌蚪的身体、头部，笑笑也都猜对了。

看到笑笑已经对小蝌蚪身体的各个部分都熟悉了，妈妈拿出之前画出的小蝌蚪的头部，让笑笑尝试着画出小蝌蚪的其他部分。笑笑认真地画了起来，线条虽然有些稚嫩，可终究是将小蝌蚪完整地画了出来。笑笑将蝌蚪画得熟练后，妈妈又开始让她根据上面的方法画大树、小草、花朵、房子……

笑笑在这个游戏中不但学会了画各种图案，还了解到每个物体本身都是由各个部分拼接而来。妈妈带着她到公园玩耍时，她就会指着房子说："这栋房子是由房顶、墙面、门、窗……构成的。"

下面我们就来玩这个游戏吧。

游戏准备

◎小蝌蚪图片、白纸、彩笔。

◎含有小蝌蚪图形的虚线画。

游戏步骤

1.拿一些小蝌蚪的图片给孩子看，让孩子了解小蝌蚪的形态，也可以让孩子试着在纸上画出小蝌蚪的样子。

2.妈妈用虚线画出小蝌蚪的一部分，让孩子猜一猜妈妈画的是什么。当孩子猜出后，妈妈再把剩下的部分画完，让孩子来看看自己的判断是否正确。

3.让孩子从含有小蝌蚪的虚线画中找出小蝌蚪，仔细观察，看看能找出几个。

4.孩子找出后，让他用彩笔把虚线连起来，看看能画出几个。

5.让孩子了解局部和整体的关系。

游戏延伸

◎让孩子在有限的时间里找到小蝌蚪，和父母比赛，看看谁找出的小蝌蚪多！

◎找更为复杂的隐形画给孩子辨认，里面可以包含更多的图形：动物、植物、人物等。

注意事项

◎图片的选择要根据孩子的年龄和能力来选择，可以由易到难，刚开始不要让孩子看过于复杂的图片，避免难度过大让孩子失去信心。

孩子收获

◎孩子的注意力得到培养。

◎先认识局部再顾及整体可开发左脑功能，先认识整体再类推局部可开发右脑功能。

◎这些图式思考游戏可以让孩子的左右脑功能发育更协调。

游戏2 折小树

听故事，玩游戏

毛毛非常喜欢五颜六色的纸片。一天，妈妈买回一大摞彩纸，毛毛高兴地问妈妈：“这么多漂亮的纸是做什么用的啊？”妈妈放下手中的纸，摸摸毛毛的头说：“和毛毛一起做折纸游戏啊。”听到妈妈的话，毛毛开心极了，赶忙拿起桌子上的纸张说：“妈妈，我们快折吧，折什么呢？”妈妈在毛毛身边坐下说：“你有那么多城堡玩具，可它们孤零零地立在那里，死气沉沉的，我们为你的城堡折纸树吧。”毛毛拍着小手欢呼雀跃道：“好啊，好啊！为城堡折纸树！”

妈妈让毛毛仔细观察妈妈的折纸方法，让他一步步跟着学。毛毛很快就学会了纸树的折法，不一会儿就和妈妈折了很多纸树。

毛毛和妈妈将这些折好的纸树分别摆在了城堡玩具周围，为城堡造一片树林，漂亮极了，毛毛非常开心。在游戏之余，妈妈还告诉毛毛，城市如果都是水泥、钢筋，就会呈现出一片昏暗，可如果钢筋水泥被花草树木包围着，就会生机勃勃。毛毛看着自己城堡玩具周围“郁郁葱葱”的树木，觉得非常开心，以后每天回家都会和妈妈一起折纸树。家里的窗台、电视机、写字台上“绿树”一片，一进家门，就能够感受到被“绿树”包围的清新感。

游戏准备

◎彩纸（绿色）、胶水、彩笔。

游戏步骤

1.让孩子了解折纸作品，告诉孩子可以用彩纸折出小树。

2.将正方形彩纸沿着对角线折出折痕，再将两侧的角向中间折，与折痕对齐；将下面的角向上折，这样树枝和树冠就做好了。放在一边备用。

3.再取一块小的正方形彩纸，用同样的方法，将其沿着中线折出折痕，再将两侧部分向中间折，与折痕对齐，最后把下角向上折，使之与“树冠”垂直，作为“小树”的底盘。再取更小一点的正方形纸张，用同样的方法，做一个小树冠。

4.最后，将折好的三个树冠插在一起，并用胶水粘好，小树就做好了。

5.把小树放在孩子的床头、窗台或书桌、城堡玩具边，让孩子体会到绿树对环境的装饰作用，同时告诉孩子绿树对人类的生活环境的贡献。

游戏延伸

◎还可以教孩子做折纸小船等，让孩子动手做自己的折纸小世界，培养孩子的注意力、观察力和想象力。

注意事项

◎胶水、剪刀的使用要注意安全。

◎让孩子做出更多各式各样形态和颜色的小树，不要强制孩子按照妈妈的方法来做。

孩子收获

◎注意力、想象力、创造力得到了锻炼和开发。

◎动手能力得到锻炼。

◎了解绿树对人类的作用。

游戏3 森林大聚会

听故事，玩游戏

神秘的大森林里生活着很多动物，有大象、小白兔、小猫咪、马妈妈和马宝宝等。它们在星期天的时候会举行大聚会，一起唱歌、跳舞、做游戏。

今天丫丫非常开心，因为爸爸妈妈要陪丫丫玩一个森林聚会的游戏。爸爸妈妈先制作出了很多可爱的动物脸谱，有大象、小猫咪、小狐狸、小马……

丫丫非常喜欢小动物，有时候看动物图册时还会模仿各种动物的动作，嘴里发出"嗷嗷""汪汪""喵喵"的叫声，让自己看起来更像某个小动物。

游戏开始了，爸爸、妈妈、丫丫要分别扮演一个小动物，并且学着动物的样子走进聚会的地方。

爸爸自告奋勇地拿起老虎的脸谱，双手托起脸谱，步履稳重、昂首挺胸，口中发出"嗷嗷"声，走到聚会的地方，显得十分威严、神气。丫丫拍着小手叫道："大老虎！大老虎！爸爸扮的老虎可真像，我也要扮！"说完，拿起小兔子的脸谱，用双手举起，一蹦一跳地走到聚会地，妈妈和爸爸一同拍手夸赞丫丫扮的小兔子活泼可爱。随后妈妈挑了一个狐狸的脸谱，用双手举起，身体左右摇摆着走进聚会地……

就这样，一家三口陆续扮演了所有动物的角色，欢快地度过了这个森林聚会。

游戏准备

◎小鼓、笔、白纸等。

游戏步骤

1.妈妈和孩子一起用笔在白纸上画出大象、小猫咪、小白兔、马妈妈和马宝宝等图形，制作动物“脸谱”。

2.介绍游戏规则：周末到了，森林里又到了举行聚会的时间，所有的动物都准时出场来参加聚会了，他们要一起走过“红地毯”。爸爸妈妈和宝宝轮流扮演不同的动物，表演入场走“红毯”。

3.每个“动物”走来时，都要双手举着脸谱，学着动物的样子，比如当大象走来的时候，妈妈要击打小鼓，给大象的脚步声配音；当小花猫走来的时候，要蹑手蹑脚；当小白兔走来的时候，要蹦蹦跳跳……

4.引导孩子注意观察，了解动物的行动特征。

游戏延伸

◎了解动物的生活习性，除了行走特征以外，诸如饮食特点、睡眠作息特点等，另外也可以把范围扩大到昆虫、鱼类、禽类等，培养孩子对生物知识的学习兴趣。

注意事项

◎游戏场地要平整、没有杂物，以防绊倒。

孩子收获

◎注意力、观察力和想象力得到培养。

◎学习生物学的相关知识。

游戏4 小棍子连连看

听故事，玩游戏

午睡之后，妈妈神秘地问朵儿：“想不想自己做模型？”朵儿立即扬起小脸稚嫩地说：“自己做模型？妈妈，快开始吧！”

妈妈微笑地拉着朵儿走到桌子前，从抽屉里拿了一盒橡皮泥和一盒牙签，在牙签的两头黏上橡皮泥，用牙签和橡皮泥拼成一个三角形。朵儿看到妈妈拼成的三角形开心地拍着小手大叫：“妈妈，我也要拼！”妈妈赶忙说：“好好好，别着急。”

妈妈又拿出一根新牙签，在上面黏了两块小橡皮泥，之后又递给朵儿一根牙签，朵儿将牙签插了上去，妈妈接着将一小块橡皮泥递到朵儿手中，就这样，朵儿在妈妈的帮助下拼出了一个正方形。慢慢地，朵儿陆续拼接出了三角形、四边形、五边形、六边形……

连续拼了几天，朵儿已经不再满足平面图形了，妈妈看到朵儿对这个游戏的兴致越来越高，又用牙签和橡皮泥拼出了一个小房子。朵儿惊讶地张开小嘴，不知道妈妈是怎么做到的。

随后，在妈妈的指导下，朵儿也学会了小房子的拼法。掌握了小房子的拼接方法之后，朵儿又在妈妈的帮助下拼接出楼房、高塔等，玩得不亦乐乎。下面就来为大家讲讲这个游戏的具体玩法。

游戏准备

◎小棍棍（塑料）或者牙签。

◎橡皮泥。

游戏步骤

1.妈妈做示范：用橡皮泥把两个小棍子或牙签粘在一起。

2.让孩子在妈妈做好的基础上，接着粘上更多的牙签，做出不同的图形，比如三角形、长方形等。

3.尽情发挥孩子的想象力，还可以把小棍子（牙签）连成立体的，比如塔状。

4.可以用不同颜色的橡皮泥做点缀，做成更多漂亮的图形。

游戏延伸

◎孩子学会了基本的玩法后，可以做更复杂的图形，并且还可用纸裱糊起来，做成小的储物盒、垃圾盒。

注意事项

◎避免牙签扎伤孩子，整个游戏应该有成人的陪伴，等孩子熟悉这个游戏后，可以自己来操作。

孩子收获

◎提高动手能力和注意力。

◎培养孩子的创造力和想象力。

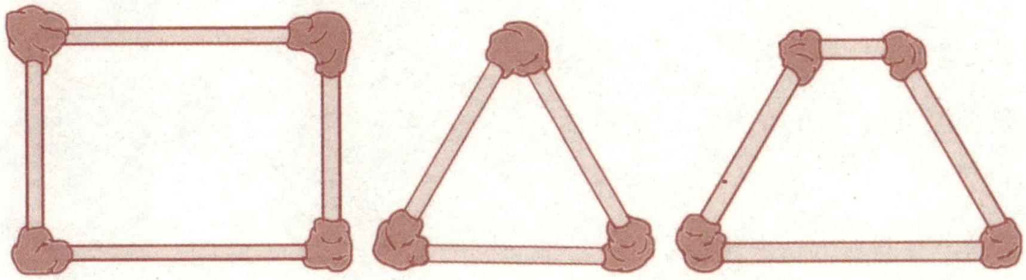

游戏5 爸爸妈妈“说不同”

听故事，玩游戏

周末到了，鑫鑫想要让爸爸妈妈带自己到游乐场玩耍，爸爸却对鑫鑫说：“咱们一家三口做个游戏好不好？”鑫鑫歪着小脑袋看着爸爸：“什么游戏啊，好玩吗？”

爸爸笑了笑，带鑫鑫一起坐在沙发上，然后招呼妈妈过来。爸爸说：“我跟妈妈一人说一句话，你要找出这两句话有什么不一样。”鑫鑫点了点头。

于是，爸爸说了一句：“小白兔喜欢吃白萝卜。”妈妈接着说了一句：“小白兔喜欢吃胡萝卜。”鑫鑫立即说道：“一个是‘白萝卜’，一个是‘胡萝卜’。”爸爸摸了摸鑫鑫的头，笑着说：“嗯，鑫鑫听得真认真，猜对了。”鑫鑫自豪地扬起小脑袋。

爸爸又说了一句：“小白兔喜欢吃红萝卜。”紧接着，妈妈又说了一句：“小白兔喜欢吃胡萝卜。”鑫鑫这次挠了挠头，没有听出来哪个词语不同。

爸爸妈妈又将之前的话重复了一遍，这次鑫鑫听出了话语中的不同：“我知道了，我知道了，‘红萝卜’和‘胡萝卜’不同。”妈妈笑着说：“猜对了，鑫鑫听得真认真！”

一家三口你一句我一句地说着、猜着，玩得非常开心，慢慢地，很多非常相似的字眼都能被鑫鑫分辨出来，如“活牛”和“花牛”、“火红”和“花红”等，鑫鑫的辨音能力也越来越强了。

游戏准备

◎爸爸妈妈在游戏开始前，在心里想几组读音非常接近的词组和句子。

游戏步骤

1.妈妈和爸爸每人说上一句话，而且这两句话非常接近，让孩子来找出两句话有什么不同。

2.刚开始可以简单些，比如妈妈说“从树林里跑来一只小白兔”，爸爸说“从树林里跑来一只小灰兔”。

3.等孩子对这个游戏熟悉了，再逐渐加大难度，比如“电视机的边上放着大音箱”“电视机的边上放着新音箱”等。

4.爸爸妈妈和孩子可以互换角色，让孩子说出两句不同而接近的话让爸爸妈妈来找不同，锻炼孩子的语言表达能力。

游戏延伸

◎可以根据同一个话题爸爸妈妈分别说出一段话，让孩子从两段话中找出不同，来锻炼孩子的注意力和记忆力。

注意事项

◎句子的难易程度要根据孩子的具体接受能力而定，要由易到难，慢慢把句子变长，不同之处由明显变得隐蔽。

◎这个游戏虽然可以培养孩子的学习兴趣，但对于学龄前的孩子来说不要让他们过早地学习文化知识。

孩子收获

◎注意力得到锻炼。

◎语言表达能力得到提升。

◎学习新的词汇。

游戏6 绳子传感器

听故事，玩游戏

周末，妈妈找来一条围巾，对乐乐说："乐乐，咱们做个有趣的游戏吧。"乐乐看到妈妈手中的围巾，高兴地叫道："好啊，一个人蒙上眼睛，一个人来藏，我们捉迷藏吧！"妈妈却摇了摇头说："今天不捉迷藏，你和爸爸要进行一个比赛，胜利的一方可以拿到奖品哟。"乐乐一听有奖品，高兴地拍着小手。

妈妈拿出一盒乐乐平时最喜欢吃的巧克力放在桌子上，之后将一根绳子拴在桌子上，绳子的另外一端握在爸爸的手中。乐乐不知道妈妈这是要做什么游戏，一脸疑惑地看着妈妈。

妈妈看出了乐乐的迷惑，就让爸爸示范一次。只见妈妈用围巾蒙上了爸爸的眼睛，爸爸用手牵着绳子，妈妈在旁边指挥说："一。"爸爸就向前迈出一步，妈妈又指挥说："二。"爸爸就会再向前走一步，直到走到桌子前，妈妈开始为爸爸计时。

乐乐觉得这个游戏非常好玩儿，也要试试。妈妈笑着说："如果乐乐可以比爸爸用的时间短，那盒巧克力就奖励给乐乐。"在妈妈的指挥下，乐乐顺利走到桌子前面，但是所用的时间比爸爸多了几秒，乐乐不甘心，又跟爸爸比试了几轮，终于赢得了心爱的巧克力。

乐乐非常喜欢这个游戏，蒙上眼睛的过程中会觉得整个房间都是未知的，这个探索的过程让乐乐非常着迷。

游戏准备

◎绳子、头巾。

◎秒表。

游戏步骤

1.在没有障碍物的平地上放置一个小凳子或小桌子，并在桌子上放置一个小红旗或小奖品。

2.在小凳子或小桌子旁边拴一根长长的绳子，绳子的另一端通向孩子。

3.孩子手牵着绳子，眼睛被头巾遮住。

4.游戏开始：妈妈说“一”，孩子手牵着绳子，往前走一步，说“二”再走一步，以此类推。

5.与此同时，爸爸要打开秒表进行计时，看看孩子走到终点需要多少时间。

游戏延伸

◎孩子喜欢挑战和探索，这个游戏通过动作传递信息，还可以起到提高孩子的注意力和领悟力的作用。

◎家里的成员可以轮流做做这个游戏，谁用时最少，谁就是胜利者。

注意事项

◎要注意游戏场地的平整和无障碍物。

◎刚开始速度不要太快，要注意观察孩子的反应，避免绊倒发生意外。

孩子收获

◎注意力得到锻炼。

◎培养挑战精神。

Chapter 2

培养想象力的游戏

孩子的想象生动而逼真，把两个“1”放在一起，靠想象能得出不同的结论。3～6岁的孩子喜欢玩假想性游戏，开始用一个物体来代替另一个物体，比如，他们会用贝壳做水杯来饮水，用盒子做灶台来煮饭。这种象征性指代，对孩子的情感和认知发展有着重要的作用。

游戏1 青蛙和蚊子

听故事，玩游戏

每个孩子都对未知的世界充满了好奇：小青蛙为什么能跳、小蚊子为什么飞的时候会嗡嗡作响等，都是他们想要搞清楚的事情。4岁的优优是一个昆虫迷，对各种昆虫都特别感兴趣，每当妈妈讲它们的生活习性等相关知识时，优优都会认真地听讲，还会提出很多问题，因为优优想搞明白的事情简直太多了。优优还会把妈妈讲的这些知识牢牢地记在脑袋里，因为他还要讲给其他的小朋友听。

为此，妈妈给优优买了很多这方面的书籍，来培养优优的兴趣，优优也很喜欢听妈妈讲昆虫的故事。

这天，妈妈对优优说："我们来做一个有关小动物和昆虫的游戏吧，比如我说'小青蛙'，你就接着说'跳跳跳'，我说'小蚊子'，你就接着说'嗡嗡嗡'，如果接不出来，就输了，怎么样？"优优胸有成竹地说："没问题，我一定能赢！"果然，妈妈一连提出了好几道问题都没有难倒优优。

有时候，妈妈还和优优玩编故事的游戏，比如优优讲故事的前半部分，让妈妈来接着编后面的，或者先由妈妈讲，后面的由优优接着讲。故事里面的主人公大多也是昆虫，比如小蝴蝶遇到了小蜻蜓，它们一起玩捉迷藏等。这些游戏是优优非常喜欢玩的。

下面，我们就介绍一个小游戏，看看你家孩子是不是也喜欢玩呢？

游戏准备

◎青蛙的图片。

◎蚊子的图片。

游戏步骤

1.妈妈给孩子讲小青蛙和蚊子的生活习性，以及它们与人类的关系。告诉孩子益虫和害虫的概念。

2.爸爸妈妈和孩子分角色扮演青蛙和蚊子，表演青蛙吃掉蚊子的游戏。

3.让孩子发挥想象力，和爸爸妈妈一起编不同故事，并且分别表演出来。

4.必要时家长可以示范一下，充分发挥孩子的想象力，创造出更多的玩法。

游戏延伸

◎准备更多的益虫和害虫的图片，比如蜜蜂、蝴蝶、蚕、瓢虫、蝗虫等，给孩子讲解昆虫的知识，培养孩子对生物学知识的学习兴趣。

注意事项

◎确保活动空间没有障碍物。

孩子收获

◎锻炼表演能力、语言表达能力和社交能力。

◎开拓想象力。

游戏2 猜猜我是谁

听故事，玩游戏

红红有很强的好奇心，尤其是让她“猜一猜”时，想象力的大门就会被无限打开。

这天，红红一大早醒来时发现妈妈不在家。“妈妈去哪儿了呢？”正当红红纳闷的时候，门打开了，是妈妈回来了。原来妈妈到早市买菜了，顺便还买了红红最爱吃的橘子、菠萝等水果。

“妈妈，你去哪里了？”红红急切地问。

“我去早市上买菜了，还买了水果。”妈妈回答。

“什么水果呢？”红红紧接着问。

“红红，我们做个游戏吧，我说这个水果的样子，你猜一猜，看你能不能猜出来！”

“好啊，好啊！”红红拍手叫好。

“小小红坛子，装满红饺子，吃掉红饺子，吐出白珠子。”妈妈说完，迅速把刚买回的菜和水果放到厨房，等待红红的答案。

“红坛子，”红红小声地重复着，朝妈妈问道，“什么是红坛子呢？”妈妈就用语言加动作给红红描绘了一番，还找来纸和笔给红红画了画，红红终于明白了。

最终，在妈妈的启发下，红红猜出了妈妈买回来的所有水果。

后来，妈妈在给红红讲故事的时候，如果有新的人物出场，妈妈也会让红红猜一猜会是谁。

下面就简单介绍一下这个游戏吧！

游戏准备

◎妈妈准备好一个孩子从来没有听过的故事。

◎或者新买一本故事书。

游戏步骤

1.妈妈给孩子讲一个从来没有听过的故事。

2.讲到故事中有“人物”出场的时候，让孩子猜一猜会是谁。

3.妈妈可以做出动作，来启发孩子想象。

4.孩子猜出后，也可以用动作表示，让妈妈来猜一猜孩子说的是什么。

游戏延伸

◎扩大所猜物品的范围，比如家庭用品、动物、植物等，扩大孩子的知识面和词汇量，锻炼孩子的想象力。

注意事项

◎如果和其他小朋友在一起玩这个游戏，要避免做简单的比较，不要让孩子太过于注重结果的胜负，而失去了游戏本身带给孩子的乐趣，以及对孩子身心发育的促进作用。

孩子收获

◎想象力和肢体语言的有机结合得以训练。

◎语言表达能力得到训练。

◎丰富词汇量。

游戏3 纸箱变轮船

听故事，玩游戏

聪聪今天特别高兴，因为妈妈要和他一起做一个大“轮船”。聪聪对轮船一直情有独钟，尽管家里有大大小小、各式各样的玩具轮船，但只要在商场见到轮船的玩具，聪聪还是对它们爱不释手，希望妈妈能给自己买下。

前几天，聪聪在少儿节目里看到一位大姐姐教大家做轮船模型，聪聪看得可认真了，接下来的几天，聪聪一有时间就建造他的“轮船”。也别说，聪聪做的轮船还挺不错的，把电视节目中姐姐教的轮船做法进行了创新，又加入了很多自己的想法。

这次就更不同了，妈妈说要做的轮船，不是一个小小的模型，而是能载人的大轮船！这太让聪聪兴奋了。

妈妈把提前准备好的纸箱拿了出来，有前几天刚刚购买的电视机的箱子，也有妈妈的鞋盒和玩具的包装盒子，大小不同、形状各异。妈妈先让聪聪仔细观察了一下这些箱子和盒子，想想它们可以做些什么，并启发聪聪的思路，同时也让聪聪说说自己的想法。慢慢地，轮船的形状在聪聪的脑子里就形成了。

接下来，妈妈让聪聪把自己想象中的轮船先画在纸上，包括轮船的形状、外观、内室设计等，画得越详细越好，颜色和一些想法都要标注好。之后，聪聪在妈妈的帮助下开始做轮船了。

下面我们就一起来做“轮船”吧！

游戏准备

◎各种规格的纸箱，比如装电视机的纸箱或者装玩具的纸箱，美工刀、彩笔、胶带等。

◎轮船图片、轮船模型。

游戏步骤

1.和孩子一起观察、研究这些图片或模型，看看这些轮船的组成部分有哪些，轮船内外有什么装饰以及结构是怎么样的。

2.和孩子一起来确定制作方案。

3.用大纸箱做轮船的底部，用胶带将纸箱的每个边和角粘一下，固定起来。

4.小纸箱可以做轮船的顶部或者内饰。

5.用胶带把大、小纸箱固定粘好。

6.用彩笔在纸箱上画出窗户的形状。

7.用美工刀雕刻出窗户，一个漂亮的轮船就做好了。

游戏延伸

◎可以用鞋盒做汽车或者用废旧的报纸做垃圾盒，进行废物利用，培养孩子的环保意识。

注意事项

◎锋利的工具刀不要让孩子使用，避免割伤手指。

◎不要将家里还在使用的物品破坏掉让孩子来玩，最好能变废为宝，把家里废弃的东西重新组合，做出好玩又能使用的物品。

孩子收获

◎动手能力得到了锻炼。

◎培养了孩子的观察力和想象力。

游戏4 毛线大魔法

听故事，玩游戏

平平是个喜欢做手工的女孩，只要有时间，她就会动手做手工，材料大多都是橡皮泥、彩纸等。妈妈想丰富一下平平的手工材质，就找了些毛线来，好让平平做出她没有做过的手工作品。

于是，妈妈找出了曾经给平平织毛衣剩下的线团，颜色还真不少，有红色的、紫色的、蓝色的、黄色的等，五颜六色，漂亮极了。

“平平，快来呀！看看这是什么？”妈妈把平平叫了过来。毛线对于4岁的平平来说还是很陌生的。“这是做什么的？”她好奇地问道。“这是织毛衣的毛线呀，我们穿的毛衣，就是用这些毛线做成的。”

“不过，今天妈妈不教你织毛衣，我们用毛线施魔法。”妈妈的这句话吊足了平平的胃口，她好奇地睁着大眼睛等妈妈介绍。妈妈拿来硬的彩纸、针和笔，用彩笔在纸上画出了一个漂亮的小鱼，接着把毛线穿到针眼里，按照刚才画好的图案线路，用针缝制起来。细细的针带着五颜六色的毛线“爬”到了画好的小鱼身上，一会儿工夫，漂亮的毛线小鱼就做好了。

平平兴奋地跟着妈妈学了起来，并在妈妈的指导下，还缝制了小花、小树叶等。平平又学会了一种新的手工做法。

下面我就把这个游戏做一个详细介绍吧！

游戏准备

◎准备数根毛线或细彩绳，长度有30～50厘米即可。

◎图画册、彩纸、彩笔、胶带、剪刀、针等。

游戏步骤

1.让孩子用毛线随意地围出不同的形状，了解毛线的性能。

2.妈妈用彩笔在纸上画出形态各异的小动物，让孩子用毛线围出这个图形。

3.让孩子随意地围出图形，让妈妈猜一猜围出的是什么。

4.孩子可以从图册中找到自己喜欢的图形，用毛线围出来。

5.把毛线按照画好的图形用针缝制上去。

6.等孩子基本熟悉了毛线的特性后，可充分发挥想象力，做出更多的图形。

游戏延伸

◎可以把图形围在纸上，并且用胶带等固定好，装饰成画板，悬挂在孩子的房间。

注意事项

◎剪刀使用儿童剪刀，用完后及时收纳起来，避免扎伤。

◎注意孩子是否把毛线或细线缠在手指或身体其他地方，防止被毛线或细绳勒伤。

孩子收获

◎培养了孩子的想象力。

◎动手能力得到提高。

◎模仿能力和观察能力得到锻炼。

游戏5 超级联想无极限

听故事，玩游戏

中秋节，6岁的美美和爸爸妈妈一起去奶奶家吃团圆饭。一想到可以跟伯父和姑姑家的哥哥姐姐聚在一起做喜欢的游戏时，美美就特别兴奋，一路上唱着跳着，别提多高兴了。

晚饭后，奶奶把准备好的月饼拿出来让大家吃。大家边吃月饼边赏月，一家人其乐融融。

表姐丹丹说："我们来做个游戏吧，大家看这个圆圆的月亮像什么，我们每个人说一个，不许重复，轮到谁说不出来，谁就给大家表演节目，怎么样？""好呀！"大家都很赞同，且兴致很高。

"我看月亮像盛菜的盘子。"妈妈第一个说。"月亮像光碟。"哥哥第二个说。"月亮像气球。"姐姐第三个说。"气球哪有那么圆呀，而且气球还有一根线呢！"美美反驳道。"我这个气球是热气球，已经飞上天了，而且还带反射光呢。""算你过关了吧。"美美觉得很勉强。"该你了，美美。"姐姐说。美美光顾反驳姐姐，一下子轮到自己时就有点儿蒙了，一低头看到了手里拿的月饼，大声地说道："月亮像月饼！"大家看美美这可爱的样子，都哈哈大笑起来。

后来，这个游戏还变化出了不同的花样，下面就简单介绍一下！

游戏准备

◎画笔、纸。

◎不同形状的图片，比如圆形、三角形、长方形等。

游戏步骤

1.爸爸妈妈用画笔在白纸上画出圆形或方形。

2.首先让孩子说出这些圆形和方形像什么，也许孩子会说出圆形像饼干、方形像桌面等，我们要让孩子尽可能多说。

3.让孩子在这个图形的基础上，随意增添线条，来创造出新的图形，比如在圆形的周围画出光晕，那么圆形就变成了太阳，在方形上画上四条腿就变成了凳子，等等。

4.同样，爸爸妈妈还可以画出更多各式各样的图形，让孩子来创作出更多新奇的图形，并赋予其独特的意义。

游戏延伸

◎ 让宝宝对三角形、长方形、正方形、圆形、梯形等图形进行初步认识，并注意观察生活中的图形，比如电视机是什么形状的、气球是什么形状的等。

注意事项

◎不要告诉孩子“这个应该是什么”“那个应该是什么”，而是让孩子根据自己的所看所想，来表达自己的感受，给孩子更多的想象空间。

孩子收获

◎认知能力的提高。

◎充分发挥想象力。

游戏6 喜怒哀乐对对碰

听故事，玩游戏

4岁的浩浩坐在沙发上，低着头，嘟着嘴，闷闷不乐，因为他正在生妈妈的气呢。起因很简单，刚才淘淘弟弟来家里玩，妈妈没经过浩浩的同意，就把浩浩不玩的玩具给了淘淘。妈妈正在给浩浩讲道理呢，并且经过沟通，双方达成了共识：妈妈以后不自作主张把浩浩的玩具送给其他小朋友，要浩浩自己来处置他的玩具，而浩浩不好的态度也要纠正。

俩人拉钩之后，妈妈要送给浩浩一张画，原来是一个“小哭脸”，妈妈说：“刚才的浩浩就是这个表情，不信你自己做个生气的样子，照一照镜子，呵呵。”浩浩找来小镜子，做起了鬼脸，和妈妈一起高兴地玩了起来。

之后，妈妈和浩浩一起做了表情卡片：高兴的、生气的、哭闹的等，并且谁拿到什么卡片，就要用表情做出来。

都说“孩子的脸，六月的天——说变就变”，虽然孩子们对大笑、生气、哭闹这些情绪的表达有时候还不够准确，但他们却非常乐意把这些当作游戏来玩。下面我们就来介绍一下这个游戏的玩法吧。

游戏准备

◎硬纸片儿或者稍厚一点的彩色复印纸、彩笔、儿童剪刀。

游戏步骤

1.爸爸妈妈和孩子一起用剪刀把硬纸片或复印纸裁成大约宽5厘米、长6厘米的长方形小块10张左右。

2.爸爸妈妈和孩子一起用彩笔在裁好的纸片上画上不同的表情：笑脸、哭脸、生气、惊讶、发怒、难过、担心等。

3.把所有的纸片整理好摞在一起。

4.妈妈或爸爸与宝宝轮流抓取纸片，然后分别展示自己抓取的纸片，让对方用表情、声音来做出所对应的内容。

游戏延伸

◎让孩子学习控制和调节自己的情绪很重要，比如当孩子的愿望不能达成的时候，或者情绪低落的时候，需要有调节和控制自己情绪的能力。

注意事项

◎注意安全，比如剪刀的使用。

◎在游戏的过程中，家长要做必要的讲解，不要让孩子只顾了玩，并没有从中得到心理成长，家长要让孩子在玩中得到启发。

孩子收获

◎认识情绪，并学习控制情绪。

◎情绪表达能力的提升。

◎肢体语言的提升。

游戏7 故事接龙

听故事，玩游戏

星期天，5岁的萱萱和往常一样，到小区的花坛区玩耍。蔷薇花开得正盛，艳丽的花朵爬满了高高的篱笆，密密麻麻的，一眼望去，就像繁星点点，又好似一幅美丽的画卷，真像故事中天使公主的花园。

萱萱坐在花坛旁边的长椅上，听妈妈讲故事。尽管妈妈讲的故事萱萱都听无数遍了，可是每次萱萱听的时候，还是那么津津有味，每次听到好玩的地方，萱萱还是会哈哈大笑，当妈妈讲到恐怖的地方，萱萱也同样会绷紧神经。

今天妈妈讲的是《三只小猪》。当大灰狼来吃小猪，敲小猪家门的时候，小猪和大灰狼之间有一段对话，平时都是妈妈讲给萱萱听，可这次妈妈准备换个形式讲这个故事，以锻炼萱萱的应变能力和想象力。妈妈与萱萱商量，萱萱和妈妈分别扮演小猪和大灰狼，用表演的形式来演绎这个故事。在表演的过程中，萱萱和妈妈还不断变换情节，这个故事被她们演绎出了一个新版的《三只小猪》。

孩子喜欢听熟悉的故事，但更喜欢给不熟悉的故事中加入妈妈没有想到的情节，让故事变得更离奇。

下面就请小朋友把妈妈讲过的故事改编一下吧。

游戏准备

◎邀请更多的小朋友一起做这个游戏。争先恐后的回答氛围，会让孩子的思维更活跃。

游戏步骤

1.先由妈妈来讲一个新故事，并设定一个结尾。

2.讲到中间的时候让孩子接着往下讲，比如讲到小狗上学去，在路上碰到小山羊，让孩子接着讲之后的故事。

3.当孩子讲完小狗和小山羊之间发生的故事之后，可以由爸爸接着讲下面将要发生的故事。

4.爸爸、妈妈和孩子可以轮流接着讲，但最后故事的结尾要落在事前设定好的结局上。

5.可以召集更多的人来玩这个故事接龙游戏，比如爷爷奶奶或姥姥姥爷以及其他小朋友。

6.孩子做抢答，谁想好了如何讲接下来的故事时就举手。

游戏延伸

◎可以把妈妈以前讲过的故事来编续集，比如“灰姑娘”嫁到王宫以后，会发生什么故事等。等孩子大一些了，还可以让孩子把故事记录下来，使故事的情节更严谨，语言表达更准确。

注意事项

◎刚开始做这个游戏时，不要强求故事多么符合逻辑和现实，也许孩子讲的故事天马行空，妈妈要多鼓励孩子，让他们的想象力自由地驰骋。

孩子收获

◎发展想象力。

◎学会等待和遵守秩序。

游戏8 宝宝长大后

听故事，玩游戏

4岁半的聪聪早上醒来就对妈妈说：“妈妈，我们是不是前天要去姥姥家呢？”

“不是前天，是后天。”妈妈对聪聪的话及时进行了纠正，但妈妈对聪聪混乱的“昨天”“后天”“前天”说法似乎已经习惯了，因为在妈妈的印象中，聪聪好像从来就没有说对过。

“后天？那是哪天呀？还要多久呢？”对于6岁之前的孩子来说，“后天”也许就是很遥远的时候。

“今天是星期四，明天是星期五，等把这两天过了，星期六的时候就是‘后天’了。”其实妈妈对时间这个概念的解释也不是一次两次了，看聪聪的样子当时好像明白了，可下次出现时间相关的问题时，发现聪聪还是不太明白。

于是，妈妈决定通过一些实物来帮助聪聪理解时间概念。妈妈找来了爸爸妈妈从小到大不同时期的照片，告诉聪聪照片的拍摄时间，然后按照年龄增长的时间顺序在照片的背面标上了“前天”“昨天”“明天”“后天”，并向聪聪解释“已经过去的时间”就是“昨天”，比昨天还早的就是“前天”，还没有到来的时间，就是明天，过了“明天”就是“后天”。

小朋友，你能分清“明天”和“昨天”的区别吗？我们也来玩这个游戏好吗？

游戏准备

◎孩子和爸爸妈妈从小到大不同时期的照片。

◎笔、纸。

游戏步骤

1.把孩子以前的照片拿出来给他看，并告诉孩子拍摄照片时的年龄，引导孩子注意观察当时的体貌特征，比如头发是什么样的等，让孩子看看自己现在和以前的区别。

2.让孩子看看爸爸妈妈小时候的照片，看看有什么变化，让孩子懂得爸爸妈妈也是随着时间的推移一点点长大的，并不是一生下来就是“爸爸妈妈”，而且时间过去了就不能再回来了。

3.帮孩子建立时间观念，懂得“今天”“昨天”“后天”是怎么回事，明白“长大了就不能再回到以前”的道理。

4.让孩子把未来的自己用笔画出来，比如想当画家、钢琴家等，培养孩子最初的理想意识，发现孩子的兴趣点。

游戏延伸

◎帮孩子构想未来生活的蓝图，在理解时间概念的基础上，了解人间的善、恶、美、丑，建立最初的人生观和世界观。

注意事项

◎孩子对未来自己前途的描绘，家长不要做太多的干预，可以适当引导，但不是轻易给孩子贴标签，比如“你不行，长大了能做个××就不错了，想什么好事呢”等之类的话。

◎孩子对时间的理解有一个过程，不要急于求成，要尊重孩子的成长规律。

孩子收获

◎增强对时间概念的理解。

◎想象力得到发展。

Chapter 3

培养记忆力的游戏

3～6岁，记忆以机械记忆为主，精确性较差，受暗示性较强，随着思维的发展，会逐渐出现有意记忆和逻辑记忆，使记忆能力进一步拓宽加深，能记忆大量较复杂的事情。3岁以上的孩子，已经有了形象记忆和类型识别的基础，家长可以多与孩子玩一些记忆训练的游戏。

游戏1 你能记住吗

听故事，玩游戏

周末，天气晴朗，早饭过后，萌萌要妈妈带她去公园做游戏。到了公园，看到这里有很多小朋友在玩耍，可妈妈今天却并没有拉着萌萌走到人群中，而是找了个长椅坐下。

萌萌很是好奇，心想：妈妈今天为什么不让我和小朋友们做游戏啊。妈妈微笑地看着萌萌："你想不想跟妈妈一起做游戏啊？"萌萌一听到"游戏"两字，顿时欢呼雀跃，拍着小手叫着："好啊！好啊！"

看到萌萌开心的样子，妈妈便开始为萌萌讲述游戏的规则：妈妈先说出三个动作让萌萌做，如果萌萌能顺利完成，萌萌就可以说出三个动作的名称让妈妈做，妈妈做错了，萌萌就是胜利的一方，妈妈做对了，游戏继续。

讲述完游戏规则，妈妈便让萌萌做三个动作"稍息""立正""敬礼"，萌萌在学校里学过这套动作，所以轻而易举地做了出来。紧接着，萌萌又说出"向左转""向右转""举起双手"三个动作的名称，妈妈也都照做出来。这一局打了平手，萌萌对这个游戏提起了兴趣。

萌萌和妈妈不断增加游戏的难度，每次进行下一轮动作时都要加上上一轮的动作，每次说出下一轮动作的名称时也要加上上一轮动作的名称。动作积累得越来越多，小萌萌玩得不亦乐乎，虽然一连几次输给妈妈，可她仍旧认真地听妈妈说各种动作，努力地记忆之前的动作。

萌萌非常喜欢这个游戏，每天都会拉着妈妈玩一阵子。慢慢地，萌萌可以记住的动作越来越多，竟然一连几次赢了妈妈。

下面我们就来玩这个游戏吧。

游戏准备

◎在游戏前，爸爸妈妈要事前考虑一下想让孩子做什么动作。

游戏步骤

1.游戏开始之前，妈妈要告诉孩子，妈妈要连说三个动作的名称为一组，孩子要分别做出来，并且顺序不能乱，同时还要说出动作的名称。

2.游戏开始了，妈妈可以说“举起右手、点头、举起左手”，然后让孩子来完成。

3.如果孩子完成了，要说出三个动作的名称，让妈妈来做。如果一方说错或做错了，对方就可得“1”分。如果都错了就都不得分，都做对了都得1分。

4.接下来妈妈再说出三个动作，让孩子来做，并且要加上第一组的动作。之后孩子说出来让妈妈做，也要加上第一组，看看这一局谁能不出错。每次输赢都要把分数记录下来。

5.以此类推，每次都要加上之前所有的动作，如果有一方实在记不起来了，游戏就结束了。

6.最后统计一下分数，分数高的一方获胜。

游戏延伸

◎可以只记忆语言，不做动作，同样可以起到训练记忆力的作用。

注意事项

◎游戏要由易到难，培养孩子的兴趣，让游戏轻松些，避免给孩子压力。

◎如果孩子没有想起来，家长不要急着提醒，给孩子一个回忆的时间，实在想不起来了，也没有关系，让孩子适当体验一下“失败”的滋味也并非坏事。

孩子收获

◎锻炼了记忆力。

◎语言表达能力和身体协调性得到训练。

游戏2 大家一起来排队

听故事，玩游戏

星期天，早饭过后，4岁的兰兰又摆弄起自己心爱的玩具。妈妈做完家务，走到兰兰身边说："宝贝，你平时都喜欢和哪几个玩具'小伙伴'一起玩啊？"兰兰眨着眼睛说："我的小伙伴有布娃娃、布老虎、小汽车、变形金刚，好多好多的，每一个我都非常喜欢。"

妈妈说道："我可要考一考你了，看看你是不是真的很喜欢它们。"兰兰听到妈妈的话，微笑地对妈妈说："好呀，好呀，这些都是我最喜欢的玩具小伙伴，我肯定会通过考验的。"

妈妈说："为了公平，我也加入游戏，看一看咱们谁对玩具更加有感情。"妈妈先是让兰兰按照塑料玩具、毛绒玩具、电动玩具的类别进行区分，共分成三大类，然后说道："兰兰，我们给你这些'小朋友'排个队，一定要记住它们的先后顺序，你说好不好啊？"兰兰回答道："太好了。"于是妈妈和兰兰就为玩具排起了大队。排好队之后，妈妈又用这些玩具和兰兰玩过家家的游戏。一会儿，妈妈说道："宝贝，你能让它们重新归类排好队吗？"兰兰说："当然可以。"不一会儿，兰兰就给玩具找好了各自的位置。

妈妈说："兰兰，现在你把眼睛闭上，我拿走一件玩具，你猜一猜我拿走的是什么？"兰兰咧着小嘴闭上眼睛，妈妈将一只小熊藏在了身后，便对兰兰说："睁开眼睛吧，看看你哪个好朋友不见了。"兰兰开始用手指数着自己的玩具，不一会儿就发现是小熊宝宝不见了。就这样妈妈和兰兰将所有的玩具猜了一遍，兰兰记得越来越准确了。

游戏准备

◎家里的各种毛绒玩具、塑料玩具、电动玩具等。

游戏步骤

1.让孩子把家里的玩具进行归类，比如毛绒类、电动类、塑料类等。

2.每一类的玩具都排成队，把每个玩具的位置固定下来。

3.然后孩子可以带着玩具做游戏，之后让玩具回到原来的位置上。

4.通过归类和排队，锻炼孩子的有意记忆能力。

5.让孩子闭眼，妈妈随便拿走一个玩具，让孩子说出妈妈拿走的玩具是什么。

6.让妈妈闭眼，孩子拿走一个玩具，让妈妈说说丢失的玩具是什么，看谁记得牢。

游戏延伸

◎孩子在幼儿园里学会了排队，今天就让孩子做一次老师，让家里的小玩具来排排队吧。

◎让孩子养成归置好自己物品的好习惯。

注意事项

◎游戏开始之前，给孩子一个记忆的时间，让孩子学习有意记忆。

◎刚开始参加排队的玩具可以少一些，慢慢增加数量，让孩子的记忆能力有一个提升的时间。

孩子收获

◎有意记忆能力得到培养。

◎归类能力得到训练。

游戏3 玩具故事会

听故事，玩游戏

每天晚饭过后，妈妈都会和莹莹一起翻看图画书。莹莹非常喜欢《魔豆传奇》《白雪公主和七个小矮人》等故事。

莹莹的家中有很多玩具，白雪公主、七个小矮人、大灰狼、小绵羊……妈妈想充分利用这些玩具，让莹莹更好地记住故事。

一天晚上，妈妈并没有像往常一样为莹莹讲故事，而是拿起白雪公主的玩偶，将图画书摆到莹莹面前，问道："莹莹，你能在书上找出这个玩偶来吗？"莹莹认真地翻起图画书，很快就对应到白雪公主身上，指着图片高兴地大声说道："白雪公主！"

妈妈笑着点了点头，随手又拿出大灰狼和小绵羊，问莹莹："你能找出它们在哪一页吗？"莹莹很快在书中翻出了这一页，抬头告诉妈妈："这是小绵羊和大灰狼的故事。"妈妈接着问道："那你能给妈妈讲讲这个故事吗？妈妈以前给你讲过呦。"

莹莹托起小脑袋讲了起来，虽然中间有很多地方断断续续，可她还是耐心地将故事完完整整地讲述了一遍。没过几天，莹莹就已经可以将故事非常熟练地讲述出来了。莹莹还为玩具们取了新名字，比如为"白雪公主"取名为"森林中的仙女"，为"七个小矮人"取名为"可爱的小人"。莹莹还担任了玩具妈妈的角色，对它们爱护有加。

孩子们都喜欢听故事，如果能和故事里的主人公一起玩，简直是太有意思了。下面我们就一起来玩吧。

游戏准备

◎小汽车、积木、球、芭比娃娃等玩具。

◎图画书。

游戏步骤

1.把图画书里的故事和家里的玩具对应起来，让孩子听故事找玩具。

2.当妈妈拿出一个玩具的时候，让孩子说出对应故事的名字。

3.孩子对故事熟悉后，要让孩子把故事讲出来。

4.让孩子给玩具起新的名称，并且记牢。

5.爸爸或爷爷奶奶一起来参加，当妈妈讲到故事里某个人物的时候，看谁能第一个找出对应的玩具来。

游戏延伸

◎开展“讲故事”大赛。

注意事项

◎故事不要太长，最好每个故事有不同的特点。

◎游戏要由易到难，循序渐进。

孩子收获

◎语言表达能力得到提升。

◎反应能力得到锻炼。

◎记忆能力得到锻炼。

游戏4 找“大王”

听故事，玩游戏

图图看到纸牌上花花绿绿的图案非常喜欢，不时地问妈妈“这张是什么”“那张是什么”，妈妈看到图图对扑克牌起了兴致，便耐心地教他认牌，“这张是大王”“这张是小王”“这张是红桃7”……

图图认真地念叨着。妈妈从扑克牌中抽出三张，等到图图熟识了这三张牌之后，妈妈对图图说：“你记住这三张牌的位置，然后找出其中哪一张是‘大王’。”说完，妈妈将牌面扣了过去，慢慢地变换着牌的顺序，图图很快找出了大王。妈妈开始加快纸牌的移动速度，图图有些眼花缭乱，仅仅猜对了两次。

这时，图图有些失落，耷拉着脑袋，希望妈妈可以将变换纸牌的速度降下来，妈妈却说：“图图可以休息一会儿再玩这个游戏，但是不能耍赖，要不然‘大王’就不愿意陪你玩了。”

接连几天，妈妈都会和图图玩这个游戏。慢慢地，虽然妈妈变换纸牌的速度比之前快了很多，可图图每次都能找出需要的纸牌来。

看到图图的进步，妈妈又开始增加纸牌的张数，可能是图图认为这个游戏充满了挑战，每次都自行要求妈妈增加纸牌的数量。

随着游戏难度的不断加大，图图的记忆力也越来越好，看过的东西，很快就能记住，比如在认路的过程中，他能够迅速观察出路段之间景物、建筑的不同。

花花绿绿的扑克牌也可以用来锻炼宝宝的记忆力哦！

游戏准备

◎扑克牌或带有图案的纸片。

◎妈妈和孩子一起自制的画片。

游戏步骤

1.妈妈从一副扑克牌中随意抽出几张，其中要包括一张“大王”。

2.让孩子把所抽到的牌看一下，记住哪一张是“大王”。

3.把几张牌反扣在桌子上，然后快速地移动牌的位置。

4.当牌停止移动时，让孩子找出哪一张是“大王”。

5.等孩子对游戏熟悉后，可以增加牌的数量，来锻炼孩子的记忆力。

游戏延伸

◎除了找“大王”之外，还可以让孩子记住所有的牌都是什么，来增加游戏的难度，锻炼孩子的记忆力。如果孩子能记住7张牌的话，说明孩子的记忆力非常好。

◎除了纸牌，还可以用其他的图片来玩这个游戏。

注意事项

◎如果孩子要赖的话，妈妈不要总是迁就，要培养孩子遵守游戏规则的习惯。

孩子收获

◎锻炼了记忆力。

◎培养孩子细致的观察力。

游戏5 听故事找不同

听故事，玩游戏

每天晚上睡觉之前，妈妈都会给小斌讲一段故事，小斌总是听得津津有味。今天晚饭过后也不例外，小斌又开始缠着妈妈讲故事了，妈妈说：“今天妈妈给你讲白雪公主和七个小矮人的故事吧，好不好？”

小斌摇了摇头说：“不好，妈妈昨天晚上讲的就是白雪公主和七个小矮人，我要听别的故事。”

妈妈神秘地笑了笑：“这次讲的白雪公主和七个小矮人与以往不同，你要认真听故事，找出和上次不同的地方哦。”

小斌一听是不同的故事，来了精神，坐在床上聚精会神地听起来。妈妈耐心地讲着自己新编的白雪公主和七个小矮人的故事，每当讲到故事有变动的地方，小斌都会立即指出，哪怕中间的情节有一点改动，都逃脱不了小斌的耳朵。在讲故事的过程中，小斌体会到了改编故事的乐趣。

之后，妈妈便开始尝试着让小斌自己改编故事，妈妈在一旁找出与原故事的不同。

有时候妈妈和小斌去公园玩耍，妈妈还会“借景生情”地说出“蓝蓝的天空”“嫩绿的小草”“高大的梧桐树”等语句，让小斌根据这些情景编出一段完整的故事，小斌每次所讲的故事都非常新奇、生动。逐渐地，小斌的语言表达能力也大大提高了。

游戏准备

◎故事相关的图片。

游戏步骤

1.妈妈给孩子讲故事，可以是讲过的，也可以是没有讲过的。

2.如果是以前讲过的故事，妈妈要告诉孩子，这次讲的故事与原先不一样，要求孩子仔细听，看能不能发现两者的区别。刚开始，区别可以明显些，慢慢把不同处讲得隐蔽些。

3.如果是新故事，妈妈要孩子仔细听，并提醒孩子记住几个关键词或关键句子，等下次讲的时候，听一听是不是有不同。

4.孩子给妈妈讲故事，让妈妈来找故事的不同之处。

游戏延伸

◎让孩子学习完整地叙述一件事，或者告诉孩子一件事情的几个片段，让孩子把几个片段编成一个完整的故事，看看所讲的内容是不是全，有没有丢失其中的片段。

注意事项

◎和孩子做这个游戏要根据孩子的具体能力，不要难度太大，要循序渐进，让孩子体会成功的喜悦，有信心勇敢地挑战更加有难度的事情。

孩子收获

◎记忆力得到了锻炼。

◎语言表达能力、逻辑思维能力得到锻炼。

游戏 6 过目不忘

听故事，玩游戏

吃过午饭，妈妈拿出一摞卡片，丽丽觉得非常奇怪，凑上前去，看到卡片上面画了小猫、小狗、小燕子、香蕉、苹果等很多可爱的动物和诱人的水果。

妈妈让丽丽从众多图片中挑出自己喜欢的三张，然后让她在最短的时间内记住它们。之后，妈妈将三张图案调换顺序，画面朝下摆放在丽丽面前，并对丽丽说："你从中抽出一张图片给妈妈，但是你不能偷看呦。"丽丽点了点头，从三张之中抽出一张递给妈妈。妈妈看到图片上画着的是小燕子，就张开双臂做出燕子起飞的姿势，不断挥动着双臂，丽丽赶忙叫道："燕子，燕子，是小燕子！"

妈妈亮出了卡片，果然是小燕子的图案，丽丽非常开心："噢，噢，妈妈，我猜对了。"妈妈看着得意扬扬的丽丽说道："咱们比赛吧，看看谁猜出的最多。"丽丽欣然同意，她让妈妈也选出三张卡片，然后按照妈妈教给她的方法从中抽取一张卡片，是香蕉，只见丽丽向前弯着腰一动不动，妈妈立即猜出了"香蕉"，"对了，猜对了！"丽丽开心地大叫着。

妈妈和丽丽不断增加卡片的数量，玩得非常开心。

小朋友，下面的图片你能猜出来吗？看看谁有过目不忘的神通！

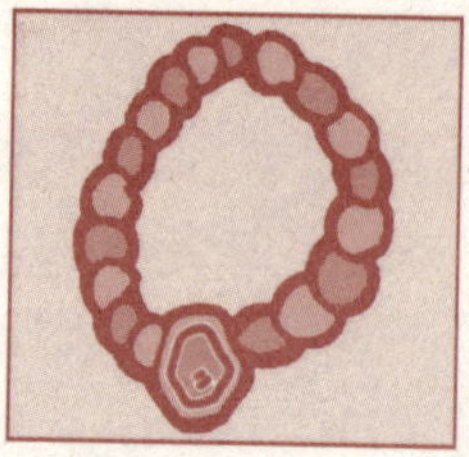
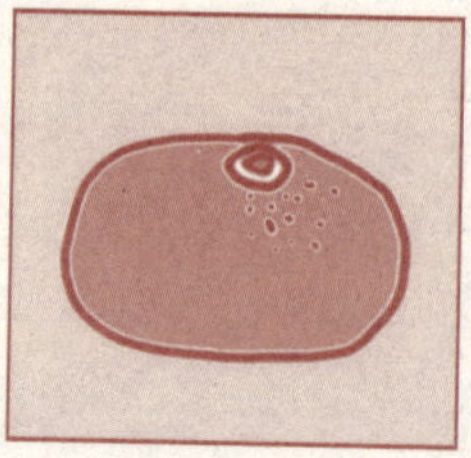

游戏准备

◎纸片、彩笔等。

游戏步骤

1.妈妈用笔在纸片上画出简单的图形，比如小猫、小狗、小兔子、老虎、狮子、大象、小鸟，或者苹果、西瓜、香蕉等。

2.把所有的图形都拿给孩子看，并且要求在最短的时间里记住。

3.让孩子随意抽出一张，不要看，要交给妈妈。

4.妈妈看到图形后，不能说话而是用一个动作来表示这张图形是什么，之后要孩子来猜一猜刚才抽到的是什么。

5.这个游戏可以让爸爸妈妈和孩子轮流抽取，看谁猜出得多。

游戏延伸

◎叫上爸爸妈妈、爷爷奶奶一起来玩，可以采取抢答的方式，看谁回答得多。

注意事项

◎培养孩子的规则意识，当孩子没有猜对时，家长不要太过迁就孩子，蒙混过关。

孩子收获

◎记忆力和想象力得到锻炼。

◎肢体语言得到锻炼。

游戏7 七彩卡片

听故事，玩游戏

微微最喜欢收集彩色的糖纸了，已经收集了整整一个盒子，而且把它们当作自己的“宝贝”。这一天的下午，妈妈拿了一些不同颜色的包装纸，朝微微走来。微微看到说：“妈妈，这些漂亮的纸片你打算做什么呀？”

妈妈说：“这些纸都是边角料，已经没有什么用了，可我觉得这些纸非常漂亮，想用它们来做游戏。”微微问：“这个游戏好玩吗？我们赶紧开始吧！”

妈妈便将那些五颜六色的包装纸用一把小剪子剪成像微微小手大小，相同颜色的剪2张，也就是说做两组颜色相同的彩色纸片。

随后妈妈整理出一组彩色纸片，然后对微微说：“现在你记忆一下这些卡片的颜色和它们的摆放位置，然后我会反扣下这组彩色纸片，并会随手从另一组彩色纸片中拿出一张，看你能否知道桌子上相同颜色的那一张在哪个位置。”

妈妈随手拿起一张绿色的卡片，对孩子说：“宝贝想一想，在什么位置？”微微想了想说道：“好像是在左边第二张。”妈妈翻开一看，说道：“你答对了，我们要继续了，你再答对4张，这些卡片就作为礼物，奖励给你。”于是微微继续猜着妈妈手里的卡片。

游戏准备

◎彩色复印纸、硬纸板（废旧的鞋盒等包装盒）、水彩笔。

◎剪刀、胶水。

游戏步骤

1.妈妈和孩子一起用剪刀把彩色的复印纸剪成边长为4厘米左右的纸片，颜色有7～8种即可，比如红、黄、绿、蓝、棕、紫、黑色等。相同颜色的各剪2张，即做两组颜色相同的彩色卡片。

2.把硬纸板剪成边长为5厘米左右的卡片，把剪好的彩色复印纸用胶水粘在硬纸板上。

3.准备好材料后，游戏就可以开始了。游戏规则是：把其中一组七彩卡片反扣在桌子上，另一组由妈妈拿着，孩子从妈妈的手里随便抽出一张，然后要凭借记忆从反扣着的卡片中找出相同颜色的卡片，如果找到的不是相同颜色的卡片，还要把这张卡片反扣过来。

4.妈妈和孩子轮流抽取和选择反扣的卡片，谁找出的多就为胜利。

5.另外，七彩卡片的制作也可以用水彩笔在白色硬纸板上涂上颜色来制作。

游戏延伸

◎孩子认识了更多的颜色时，还可以做更多颜色的图片，或者做成不同图案的图片，锻炼孩子的观察力和记忆力。

注意事项

◎孩子对颜色认识有一个循序渐进的过程，刚开始不要做太多的颜色，等孩子对这几种颜色认识以后再逐渐增加颜色的数量。

孩子收获

◎锻炼了观察力和记忆力。

◎分类能力得到培养。

Chapter 4

培养创新性思维的游戏

创造性思维贵在创新，它并无现成的思维方法和程序可循，在考虑问题时可以迅速地从一个思路转向另一个思路，从一种意境进入另一种意境，多方位地试探解决问题的办法。

游戏1 创意撕纸

听故事，玩游戏

一天，小虎看到妈妈将废报纸放到了桌子上，就拿了一张放在手里撕着玩。妈妈看到小虎在撕报纸，并没有责备他，而是站在小虎身边，也拿起一张报纸撕了起来。小虎撕出来的报纸杂乱无章，而妈妈却撕出了三角形、四边形、五边形……

小虎非常好奇，让妈妈教他。妈妈笑眯眯地让小虎坐到椅子上，耐心地教他折纸、撕纸的技巧。慢慢地，小虎也学会了撕简单的图形，虽然最开始撕出来的图形并不规则，但是掌握了折纸、撕纸的技巧之后，小虎便撕出了一个个规则的图形。

学会撕规则图形后，妈妈又用彩笔在报纸上画出小鸭子、小狗、小猫、小兔子、香蕉等简单的图案，然后用剪刀将它们沿着边缘剪下来。小虎看到妈妈剪下来的图形非常漂亮，也拿起一把剪刀认认真真地剪了起来，不一会儿，一根边缘不太整齐的香蕉就被剪了出来。小虎非常开心，继续剪其他图形，手法越来越熟练。

家里的废弃报纸被充分利用起来，与此同时，家里也多了很多自制图形、玩具、学习用品。小虎还自己动手用报纸做了个垃圾桶，稳固结实。爸爸或妈妈的朋友来家中做客，都会对他的小垃圾桶夸赞一番呢。

下面我们就一起来玩这个既能开发创意思维，又环保的游戏吧。

游戏准备

◎废旧的报纸、纸张等。

◎彩笔、胶带、剪刀等。

游戏步骤

1.拿一些废旧的报纸让孩子撕着玩，妈妈可以在旁边撕出各种图形，吸引孩子的注意力和兴趣。

2.如果孩子感兴趣，可以让他根据自己想法撕出图形，比如三角形等。

3.用彩笔在这些撕好的图形上画出图案来装饰和点缀。

4.还可以用胶水或胶带把这些图形粘好，做成一个立体的东西，比如笔筒。

5.教给孩子一些颜色搭配等技巧和常识，让孩子在玩的同时还可以学到知识。

游戏延伸

◎变废为宝，用家里废弃的报纸和杂志做出各式各样的装饰物或非常实用的文具，比如笔筒、铅笔盒等。

注意事项

◎不要限制孩子的想法，让孩子尽情去想象和创造，慢慢地，他们就可以把自己的想法更具体和完美地呈现出来。

◎报纸等印刷物含有铅，游戏结束后一定要提醒孩子洗手，注意卫生。

孩子收获

◎培养孩子的创新意识。

◎空间感得到锻炼。

游戏2 花样毛线

听故事，玩游戏

小英平时最喜欢玩妈妈用来织毛衣的五彩毛线了。一天，妈妈用几截毛线围出了一个大房子。小英看着妈妈的举动觉得非常好玩，也模仿妈妈的样子用毛线做起图形来：小英先用一根短一些的毛线围成了一个小圆，在小圆的上面围着个三角形，之后又在下面围了一个大圆。妈妈看着小英拼出来的图形，微笑着问道："你做的这个是什么呀？"小英抬起头，自豪地说道："小雪人，妈妈，你看它好不好看啊？"妈妈点着头说："好看，好看，但是小雪人似乎缺了些什么。"

小英一看，可不是嘛，小雪人还没有胳膊和腿呢！于是小英让妈妈找了些白色的毛线，用白色的短毛线为雪人做出了胳膊和腿，红色的短毛线则放在两个圆拼接的地方，好像给雪人系上了一条红围巾。看着"小雪人"作品大功告成了，小英开心地拿给妈妈看。

妈妈拿来一张白纸，对小英说："既然你这么喜欢这个雪人，就把它的模样画下来吧。"小英高兴地拿起彩笔，认认真真地画着雪人。

雪人画好后，小英将它贴在了墙上。从此，小英爱上了围图形的游戏，每次所围成的图形如果自己觉得非常满意都会照着画下来贴在墙上。渐渐地，小英家的墙上贴满了图案，妈妈的毛线也成了小英的最爱。

游戏准备

◎毛线或细绳子等。

◎胶棒、白纸。

游戏步骤

1.妈妈先用一根毛线或细绳子绕成简单的图案，如房子、苹果等，来引起孩子的兴趣。

2.妈妈给孩子一截毛线或细绳，让孩子做出自己想要的图案，然后让孩子自己说出绕成的图案是什么。

3.妈妈和孩子一起来完善这个图案，然后再做出更多的图案。

4.如果孩子对自己某一次绕出的图案满意，妈妈和孩子可以一起用胶棒将毛线或细绳子粘贴到白纸上保留。

游戏延伸

◎孩子能够围绕出不同形状的图形后，可增加游戏的难度，做更加复杂的图形，或者用毛线在白布上缝制图形，做成毛线画，摆放在家里。

注意事项

◎家长在孩子绕出图案时不要去说这个图案像什么，而是让孩子自己去表达自己到底是想要表现什么。因为在不同的角度，我们得到的答案可能并不是孩子最初的答案，我们在说出孩子的图案像什么的时候也就无意间缩小了孩子的想象空间。

◎在游戏过程中可以给孩子一定的引导，但是不要轻易地否定孩子，因为孩子眼中的世界和成人眼中的世界有时候是不同的。

孩子收获

◎创造力和观察力得到培养。

◎增强了语言表达能力和动手能力。

游戏3 积木对对碰

听故事，玩游戏

妈妈给小龙买了一套新积木，小龙非常开心，可妈妈却说：“小龙，把妈妈以前给你买的那套积木拿过来。”小龙疑惑地眨了几下眼睛，从小柜中取出了以前的积木倒在地上。妈妈将新积木也倒在地上，然后将积木的包装盒子收了起来，并把两堆积木混合在一起。

混合好后，妈妈对小龙说：“咱们一起堆积木吧，看看谁堆得好。”小龙看到地上一大堆的积木，高兴地说：“好啊，好啊！”妈妈说：“先别着急，咱们商量一下堆什么好。”小龙想了想说：“我们堆高楼吧！”妈妈笑着说：“好，那咱们就堆高楼，这个积木一人一半，互相不许偷看，看谁搭的积木楼高。”

说完，妈妈和小龙对半分了积木，背靠背堆起高楼来。堆好之后，妈妈和小龙把自己的作品展示出来，妈妈说：“你看一看妈妈这个积木哪里堆得不好呢？”小龙认真地看着，和妈妈讨论着哪个地方可以改善。之后妈妈和小龙一同对高楼进行改善，终于堆得满意了。

修改完妈妈搭的积木楼，小龙也拿出了自己的“高楼”，看上去要比妈妈搭的积木楼矮了很多，于是要求妈妈给自己提提意见。经过讨论、修改，小龙非常认真地思考着，拆了又装、装了又拆，终于将自己的积木楼修改好了。看着自己的作品，小龙非常开心，赶忙让妈妈拿来相机，将两栋修改好的高楼拍了下来。

积木是孩子们最常玩的玩具之一，积木的包装盒上一般会画着最适合这类积木的玩法，那么不同类型的积木在我们手中是不是能够创造出“奇迹”呢？小朋友，你是不是也想试一试呢？

游戏准备

◎至少两副不同类型的积木。

游戏步骤

1.妈妈和孩子一起来玩两副或两副以上混合在一起的积木，不要让孩子接触到积木盒子，以防限制孩子的想象力。

2.妈妈和孩子一起来决定要搭的形状，尽可能让孩子自己来表达他的想法。

3.妈妈和孩子背对背开始搭积木，等搭成后，看一看谁搭得更好。

4.妈妈与孩子一起讨论两个积木作品的优点和缺点，以及在搭建过程中的技巧等。

5.讨论完后，妈妈和孩子各自完善自己的作品。

6.把自认为最完美的作品用相机拍摄下来保存。

游戏延伸

◎等孩子玩熟了之后，准备更多不同类型的积木，叫上更多的小朋友一起来搭建不同的作品。

注意事项

◎充分发挥孩子的想象力，妈妈对孩子的意见不能忽略，如果不能接受孩子的意见时，家长要和孩子讲清楚为什么不想那么去做。

孩子收获

◎培养孩子的创造力和对不同积木的搭配能力。

◎锻炼孩子的动手能力和判断能力。

游戏4 变形金刚

听故事，玩游戏

小东是个非常喜欢动手摆弄玩具的男孩，家里的钟表、玩具、遥控器等经常被他拆个遍。妈妈看到小东非常喜欢拆卸东西，就想了个方法让小东将这些物品复原。

一天，妈妈将一大堆被小东拆得“缺胳膊少腿”的变形金刚放在一个干净的纸盒里面，端到小东的身边。小东感到疑惑：“妈妈，这些玩具都坏掉了，不能玩了。”妈妈笑着说：“玩具们生病了，咱们一起给它们治病吧。”小东痛快地说：“嗯，好，我们一起给玩具治病。”

小东拿来了工具箱，开始给残缺不全的变形金刚“治病”。妈妈扮演护士，在旁边给小东拿着工具。小东一本正经地地修理着玩具，整整修理了两个小时，在妈妈的帮助下，纸盒子里面的玩具终于全部被修好了。修好的玩具被整整齐齐地摆放在小东的玩具箱中，小东非常开心。

在之后的几天，妈妈又开始让小东修理那些被他拆开的钟表、遥控器等，有时候为能把玩具修好，妈妈还会购买新零件。虽然有些东西已经不能被修补完整了，但这个修理的过程，小东觉得非常开心，也学到了不少知识，动手能力和动脑能力得到了锻炼，创造力得到了开发。更加难能可贵的是，小东懂得了珍惜自己的物品，并且想办法通过自己的双手劳动来得到自己想要的东西。

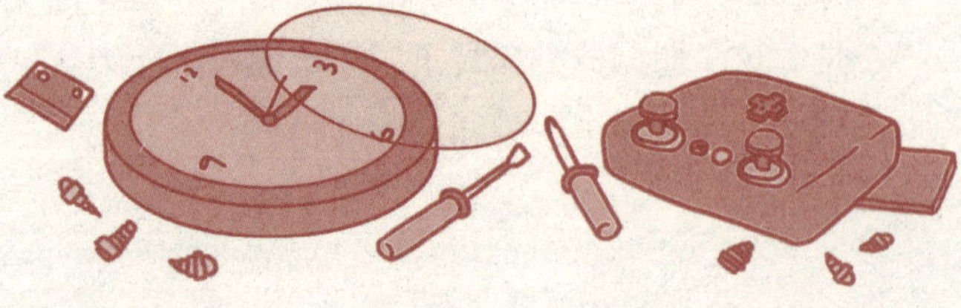

游戏准备

◎可以被拆分和组装的玩具。

◎孩子不玩的、损坏的玩具。

游戏步骤

1.把孩子不玩的玩具搜集一下，把能拆分和组装的玩具要单独拿出来。

2.告诉孩子“这些玩具有的生病了，有的需要重新变形，看看你有什么好办法让它们成为大家喜欢的玩具”。

3.给孩子更多的发挥空间，同时爸爸妈妈可以给孩子引导和启发，但不要限制他们的做法。

4.爸爸妈妈在这个过程中，可以给孩子讲解必要的技巧，帮助孩子来完成。

5.做好了新的玩具，家长要鼓励孩子，培养他们的积极性。

游戏延伸

◎把家里经常不用的物件找出来，看看能不能重新组合利用，培养孩子热爱生活、勇于创新的精神。

注意事项

◎即使在家长看来是行不通的事情，如果孩子想尝试一下，在不违背原则的前提下，可以让他们去做一下，这对孩子的成长是有益的。

◎注意安全，避免尖锐的玩具扎、卡、划伤孩子，要给孩子讲解安全常识，培养安全意识。

孩子收获

◎观察力、创造力得到锻炼。

◎独立操作能力得到加强。

游戏5 数字变变变

听故事，玩游戏

一天，妈妈问小雨："听说你在幼儿园学习数学了，我们用火柴棍来摆数字好不好？"小雨拍着小手叫道："好啊，好啊！"

于是，妈妈用火柴棍摆出了一个"3"，小雨赶忙说出："这是'3'。"妈妈笑着问小雨："那你能把它摆成别的数字吗？"

小雨挠了挠头，这时，妈妈在"3"的左上端添加了一根火柴棍，数字便由"3"变成了"9"。妈妈笑着说道："小雨，看看还能不能变成更多的数字？"

小雨看到妈妈的示范，便在"数字"边上摆了起来。在"9"的右下端添加了一根火柴棍，这个数字马上变成了"8"，然后又拿开了"8"中间的那根火柴棍，这个数字就变成了"0"，小雨玩得不亦乐乎。

在变化数字的时候，小雨还有了很多新奇的发现。他将数字稍作改动还可以变换成小房子、小床，甚至能摆出电视机、电冰箱、洗衣机、桌子、椅子等。

小小的火柴棍在小雨手里进行着数字魔法。妈妈看到小雨在动手的过程中充分发挥出了自己的想象力，感到非常欣慰。有时候小雨甚至会摆出非常奇特的图形，并且为它们取名字，赋予它们特定的功能。比如他曾用火柴棍摆出了一个带着手臂和脚的冰箱，幻想它能够为主人拿需要的食物和饮料，可以行走到任何地方。

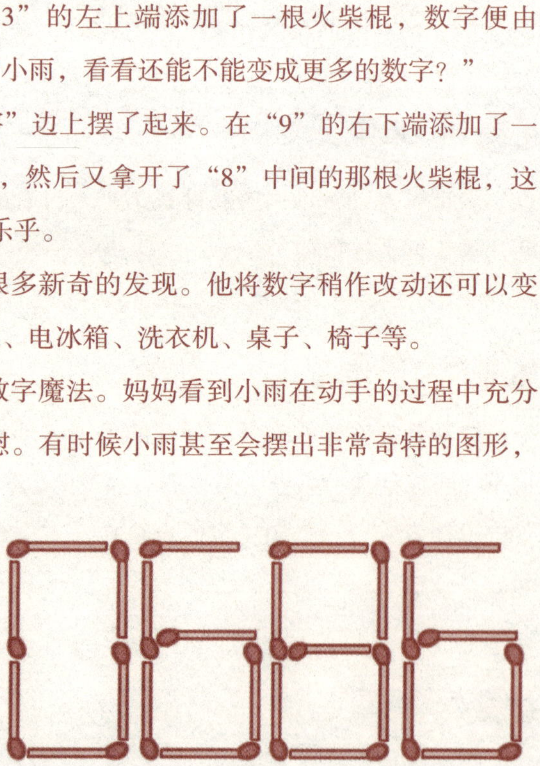

下面我们就一起来摆一摆吧。

游戏准备

◎玩具火柴或牙签、冰棍儿的签子等。

◎如果摆数字，孩子要对从“0”到“10”这10个数字有基本的理解，能认识和写这10个数字。

游戏步骤

1.妈妈先用玩具火柴或牙签摆成数字，比如，1、2、3……让孩子也学着摆一摆。

2.妈妈把摆好的数字进行“变身”，比如在“3”上加2个牙签变成“8”。

3.让孩子也摆一摆，体会一下。

4.妈妈来提出要求，让孩子来摆，比如，把“6”变成“8”，或者把“8”变成“0”。

5.妈妈和孩子可互换角色，孩子提要求妈妈来摆，但是通常孩子更喜欢自己来摆。

游戏延伸

◎可以用牙签等小棍子来摆汽车、梯子等其他生活用品，增加游戏的难度和乐趣，可以充分发挥孩子的想象力和创造力。

注意事项

◎避免牙签扎伤孩子的手指，如果是真的火柴更要防止孩子放进嘴里，游戏结束后要洗手。

孩子收获

◎精细动作能力得到锻炼。

◎观察力、注意力、想象力和创造力均得到了训练。

游戏6 捏捏没有的

听故事，玩游戏

午睡过后，悦悦说想要做游戏。妈妈想了想说："我们用橡皮泥捏小动物吧。"悦悦满口答应。于是妈妈拿出一大盒彩色橡皮泥，取出一块白色橡皮泥，不一会儿就捏出一个小兔子来。悦悦看到妈妈手中的小兔子，高兴地大叫："好可爱啊，我也要捏！"

悦悦挑出一块黄色的橡皮泥，在妈妈的指导下捏出了一根香蕉，然后用红色的橡皮泥捏出了一个番茄。妈妈问悦悦："你再为小兔子加些东西吧。"悦悦先是挠了挠小脑袋，然后用红色的橡皮泥为小兔子捏了一顶红色的小帽子，非常可爱；之后悦悦又用绿色的橡皮泥为番茄添加了两片叶子，让番茄看上去更加形象。

妈妈告诉悦悦，家里有很多物品都可以用橡皮泥捏出来。悦悦按照妈妈的提示，捏出了照相机、电视机、手电筒、话筒……

悦悦非常喜欢这个游戏，有时候她会先捏出一件物品，然后让妈妈说出她捏的是什么，再在这个物品上添加内容；有时候妈妈先捏出一件物品，让悦悦在这个基础上继续丰富。

后来，妈妈捏出了一个小雪人。悦悦非常喜欢它，就为小雪人增添了红色的马甲和一顶紫色的帽子，还把这个小雪人摆在窗台上陪伴自己。

悦悦还捏出了不同的"盆栽"摆在写字台上，每当爸爸看资料时都能看到这些可爱的装饰品。

游戏准备

◎颜色多样的橡皮泥。

游戏步骤

1.妈妈陪孩子一起玩橡皮泥，让孩子自由发挥想象力，并动手捏出生活中的物品。

2.妈妈可以先捏一个物品或小动物，让孩子跟着学。

3.捏好后，妈妈让孩子在这个基础上，再增加点儿内容，比如给小兔子背上一个小书包、给小蜗牛戴个小帽子等。

4.妈妈可以没捏完就交给孩子，让孩子在这个基础上随意增添点儿什么继续捏完。

5.爸爸妈妈也可以和孩子互换角色，让孩子先捏，然后妈妈在孩子捏的基础上增加新的物品。

6.最后，把大家认为捏得好的作品收藏起来或摆放在家里。

游戏延伸

◎不要小看橡皮泥，在孩子成长过程中，千变万化且颜色丰富的橡皮泥是孩子不可缺少的玩具，因为它不仅能锻炼孩子手的灵活性，而且可以打开孩子想象力的大门。妈妈还可以和孩子一起动手做形态各异的花样主食，让孩子体会妈妈的辛苦，培养孩子热爱劳动的精神。

注意事项

◎家长不要过多提醒孩子怎么捏，但是如果孩子有困难家长要做必要的指导和帮助。

◎游戏结束要洗手，注意卫生。

孩子收获

◎动手能力得到锻炼。

◎想象力和创造力得到锻炼。

Chapter 5

培养动手能力的游戏

动作游戏对儿童大脑皮质的发育及心理的发展具有重要意义，无论是训练手部动作的捏橡皮泥、夹豆豆，还是包糖果、制作树叶书签，这些看似最经济、最简便的游戏对孩子的身心健康发育将起到极大的作用，无限的创意都在手和脑的结合上融汇。

游戏1 给妈妈做项链

听故事，玩游戏

再过几天就是妈妈的生日了，别看阳阳只有6岁，但她却想着在妈妈生日那天能送给妈妈一份特别的生日礼物，好让妈妈开心。

最近阳阳在看一些关于手工制作的书籍，所以她想自己做点儿手工制品来当妈妈的生日礼物。想了半天，阳阳决定给妈妈做一个纸质的大项链。

阳阳先是在爸爸的帮助下，按照书里的要求找来了一些彩纸，然后又用剪刀把这些纸片剪成了两个小手指宽的小纸条。在纸条的一端抹上了胶水，有红色、黄色、绿色等，然后找来几根牙签，将牙签粘在纸条上，再慢慢地把纸条卷起来。等到纸条卷得像个小珠子的时候就把牙签抽出来，又用同样的方法去卷下一个。就这样卷了好多个，等到它们都晾干的时候就是一个个带有小孔的珠子了。

之后，阳阳又找来了一根细线，把这些小珠子串了起来。第一次串完后，阳阳对小珠子颜色搭配不太满意，于是把它又拆散了，重新把那些小珠子按照一定的颜色摆好，然后再一个一个地串了起来，最后打了个结，一个纸质的大项链就这样完成了。

为了给妈妈一个惊喜，所有的制作过程都没有让妈妈发现，阳阳是和爸爸一起很“神秘”地完成的。妈妈的生日到了，阳阳拿着项链藏在背后，等到她从身后拿出来时，妈妈又惊又喜。“来，妈妈，我给你戴上，祝妈妈生日快乐。”“你也快乐，阳阳给妈妈做的这个项链，妈妈真喜欢，谢谢！”说着高兴地亲了阳阳一口。一家人别提有多高兴了。

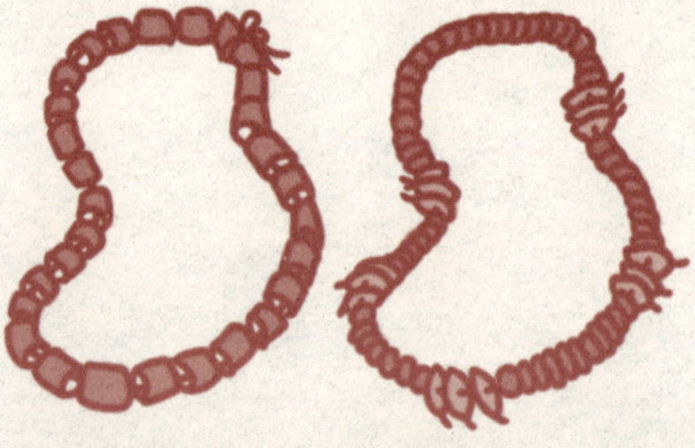

游戏准备

◎彩色复印纸或杂志中的彩色插图页等厚一点儿的纸、胶水、细线绳、牙签。

◎剪刀。

游戏步骤

1.用剪刀把彩色复印纸或杂志中的彩色插图页剪成1厘米宽的纸条。

2.把纸条的一端涂上胶水，并且从这一端开始以牙签为轴卷起，卷到像个珠子的样子为止，再用胶水粘好，并把中间的牙签抽出，等晾干后就是一个珠子了。

3.用同样的方法做出不同颜色的珠子。

4.做好珠子后，把不同颜色的珠子按照自己喜欢的顺序排列好，排成一个圆形。

5.用细线把珠子串起来，串成一个大项链，最好能从头上套下去。

游戏延伸

◎用同样的方法做手链等。

◎用纽扣、树叶等做项链，锻炼孩子精细动作能力。

注意事项

◎要避免牙签扎伤手指。

◎游戏后一定要洗手，避免胶水、印刷品油墨等残留物入口。

孩子收获

◎培养孩子的感恩意识，为家人做些力所能及的事情。

◎动手能力、想象力和创造力得到锻炼。

游戏2 小球跳水池

听故事，玩游戏

星期天，小楠要爸爸带她去游乐场，爸爸却笑着对小楠说："咱们和妈妈在家一起玩'小球跳水池'的游戏好不好？"

小楠疑惑地问爸爸："什么叫'小球跳水池'啊？"爸爸微笑着拉着小楠走到桌子前面，用四根筷子在桌子的一侧摆出了一个四方形。回头对小楠说："你看，我用筷子做的'水池'摆好了。"之后，爸爸叫来妈妈，妈妈手中拿着三个乒乓球，分给爸爸和小楠每人一个，然后爸爸妈妈做示范，分别向"水池"里面投球，只见乒乓球先落到桌子上，之后再弹到"水池"中。爸爸说："这样就得1分，以10次为一局，得分最多的一方获胜。"听了爸爸的讲解，并看了爸爸妈妈的示范后，小楠兴奋地说："太好玩了，我也要投！"爸爸说："你先当裁判，爸爸妈妈进行比赛，等你彻底看明白了，再加入比赛，怎么样？"爸爸妈妈比赛开始，最后，爸爸以比妈妈多2球的优势胜了妈妈。

小楠看到爸爸妈妈玩得非常开心，也不甘心只做裁判，开始尝试投掷，不过最开始投的时候，由于心急，每次乒乓球都会弹到桌子下面。可他并不灰心，接连和爸爸妈妈比上几个回合之后，小楠终于找到了投掷乒乓球的技巧，较好地控制手臂的力度。

看到近距离的投掷已经难不倒小楠了，爸爸妈妈开始增加游戏难度，让小楠站在距离桌子比较远的地方投掷。虽然难度比之前大了很多，但是在之前的经验基础上，小楠顺利完成了游戏，玩得非常开心。

游戏准备

◎筷子。

◎乒乓球。

游戏步骤

1.用四根筷子彼此首尾相连围出一个正方形，摆放在长方形桌子的一侧，作为“水池”。

2.爸爸妈妈和孩子每人拿一个乒乓球，分别在离“水池”远的一侧投掷乒乓球，球要落在桌子上后依靠弹跳力跳到“水池”里。

3.球先落到桌子上，再跳到“水池”的可以加1分，其他情况不得分。

4.爸爸妈妈和孩子轮流投掷。

5.每人投掷10次为一局，得分多的为胜者。

游戏延伸

◎锻炼孩子的空间感和手臂肌肉的控制能力，可逐渐变化游戏的花样，比如可以玩更远距离的投掷游戏或者实物套圈等。

注意事项

◎注意安全，游戏场地尽量不要放置杂物，当小球滚落在地上需要捡球时，避免孩子的头磕到桌子角。

孩子收获

◎肌肉控制力得到锻炼。

◎培养思维能力以及竞争意识。

游戏 3 自制水果串

听故事，玩游戏

周末，妈妈带着丁丁逛街，经过一家糖葫芦专卖店，丁丁很礼貌地对妈妈说：“妈妈，我想吃糖葫芦，您能给我买一个吗？谢谢！”

妈妈见丁丁说话的语气与以往有了很大的改善，不再是吵吵闹闹，觉得丁丁进步了，妈妈也很温和地对丁丁说：“你想吃什么样的糖葫芦？不过不能在大街上吃，要带回家去吃。”丁丁点头同意了，之后左看右看，终于选中了一个用橘子瓣、苹果、圣女果、猕猴桃做成的五彩缤纷的水果串。妈妈让服务员将糖葫芦包好，带着丁丁回家了。

到家之后，妈妈将水果串拿出来，对丁丁说：“你要先仔细观察水果串上的水果，一会儿咱们自己做水果串。”丁丁拿过水果串，认真地观察着，然后说道：“要是水果串上有草莓和菠萝就更好了，这是我最爱吃的。”

妈妈微笑地摸着丁丁的头说：“一会儿咱们就按照你所想的那样串水果串，好不好？”丁丁一边吃一边点头同意。水果吃完后，妈妈拿来橡皮泥和细长的签子，和丁丁一起制作水果串。

不一会儿，一个符合丁丁口味的“水果串”就串好了，上面有紫色的葡萄、黄色的菠萝、红红的草莓。

之后，妈妈又和丁丁做出了不同口味的水果串，还做起了“生意”，丁丁为卖方，将水果串分别标价，而妈妈成了买方，挑选着自己喜欢的水果串。就这样，丁丁和妈妈一个卖水果串，一个买水果串，玩得可开心了。

游戏准备

◎买一个水果串。

◎橡皮泥、小竹签或小木棍等。

游戏步骤

1.妈妈给孩子买一个水果串，并让孩子仔细观察每个水果的样子。

2.吃完后，妈妈和孩子一起动手用橡皮泥做一个水果串。

3.首先，挑选不同颜色的橡皮泥并用手捏成不同形状的水果，比如黄色的橘子、红红的草莓、紫色的葡萄等。

4.水果做完后，妈妈协助孩子把这些“水果”都串在提前准备好的竹签上或者刚刚吃完的水果串的竹签上。

5.等孩子熟悉了水果串的做法后，妈妈要放手让孩子自己去做。至于“水果”串上都串了些什么“水果”，决定权就交给孩子吧，让他们尽情发挥自己的想象，做成形态各异的水果串。

游戏延伸

◎和孩子一起玩卖水果串的游戏，可以由孩子来卖，家长来买。如果孩子对数字有一定概念，还可以让孩子学习简单的数字运算。比如，一个水果串要1元钱，三串是多少钱。

注意事项

◎要确保小竹签的表面光滑，不要扎伤孩子。

◎避免做好的“水果串”入口，要给孩子讲解卫生知识，游戏结束要记着洗手。

孩子收获

◎锻炼了动手能力。

◎训练了观察力，发展了想象力和创造力。

游戏4 夹豆豆

听故事，玩游戏

聪聪已经5岁了，可仍然不会使用筷子，即便在幼儿园吃饭时，他也经常会伸手去抓食物。妈妈对此非常苦恼，不知如何是好，爸爸却想出了一条“妙计”：既然聪聪喜欢做游戏，不妨利用游戏让聪聪学习如何使用筷子。

就这样，聪聪和妈妈被选定为参加比赛的人，爸爸来当裁判。妈妈和聪聪坐在桌子的一侧，爸爸坐在他们的对面，在妈妈和聪聪的正前方分别摆放着一只空碗，空碗的前面放着一只装满花生米的碗。

爸爸递给妈妈和聪聪一人一双筷子，并告诉他们要用筷子将花生米夹到空碗中，以2分钟为限，谁的空碗中花生米最多，谁就是获胜的一方（前提是必须使用筷子，用手则算犯规）。

爸爸一声“开始”，妈妈和聪聪就急忙拿起筷子夹起了花生米。聪聪看到妈妈娴熟地使用筷子，非常着急，自己一粒花生米都没夹到，就想用手去抓。爸爸赶忙制止，并且提醒聪聪不许耍赖，聪聪这才停手，认真地用筷子夹着。两分钟一到，爸爸便立即喊了声“停”，妈妈和聪聪都放下了筷子。

聪聪由于没有很好地掌握筷子的使用技巧，碗里只有2颗花生米，而妈妈由于技艺娴熟，碗中有30颗花生米，很明显，这场游戏妈妈为获胜一方。聪聪有些沮丧，妈妈安慰他说：“使用筷子是有技巧的，只要你学会了筷子的正确使用方法，夹到的花生米就一定会比妈妈多。”

经过几轮游戏，聪聪有了明显的进步，也学会了筷子的正确使用方法。这样的游戏每天都会进行一次，一个星期之后，聪聪已经能够娴熟地使用筷子了。

游戏准备

◎筷子、花生米（或黄豆）、小碗、杯子等。

游戏步骤

1.在两个小碗中放入花生米或黄豆，两个杯子空着，放在桌子上。

2.妈妈和孩子坐在桌子旁，每人有一双筷子、一个小碗和一个杯子。

3.两个人同时用筷子把花生米或黄豆从小碗里夹到杯子里。

4.爸爸在一旁进行计时，可以规定时间为2分钟或5分钟不等。

5.爸爸在一旁说“停”时，两人同时放下筷子，停止夹花生米或黄豆，在规定的时间里谁夹得多谁获胜。

游戏延伸

◎可以让孩子数一数夹了多少个花生米或黄豆，夹得多的一方比另一方多夹了多少个，还可以让孩子算一算，理解一下“多与少”的概念。

注意事项

◎千万要注意孩子不要把花生米或黄豆塞进鼻孔，这是一件非常危险的事情，游戏结束后，妈妈要及时把它们收起来。

孩子收获

◎锻炼了孩子的手部控制力和手指灵活性。

◎提高孩子的生活自理能力。

游戏5 包糖果

听故事，玩游戏

小强非常喜欢吃糖果。包糖果的糖纸五颜六色，非常漂亮。小强将这些糖纸存放在一个干净的糖果盒子里。

一天，爷爷奶奶来家里做客，看到小强在摆弄自己的彩色糖纸，奶奶便走上前，对小强说：“奶奶陪你玩包糖果的游戏吧。”只见奶奶拿来几张废弃的报纸，撕成了普通糖纸那么宽的纸条，然后折叠成了糖块的形状，奶奶从糖果盒中拿出一张糖纸，将折叠好的“糖块”放到糖纸中央，然后两边分别扭紧，一个“糖果”就包好了。

小强看到奶奶包的“糖果”非常漂亮，也拿起报纸认认真真地折起“糖果”来，不一会儿，一大堆“糖果”就包好了，有正方形的、圆形的、三角形的……

奶奶对小强说：“咱们开一家‘糖果店’，把这些‘糖果’卖掉好不好？”小强一听玩“买卖”游戏，赶忙说“好”，并将包好的“糖果”整整齐齐地摆在桌子上面，大叫：“卖糖果喽，好吃的糖果。”

爷爷、爸爸和妈妈都赶了过来，挑选着自己喜欢的“糖果”，还时不时对小强的“糖果”提出意见，并告诉小强他们喜欢的糖果种类，定做“糖果”，全家人其乐融融地游戏着。

小强又搜集了很多糖果盒子，将做好的“糖果”装在不同的盒子中，每盒“糖果”的价格都是不一样的。游戏的过程中，小强充分发挥出了自己的想象力制作糖果，根据糖果的大小、形状等进行了明确的分类，可谓井井有条。

下面我们也一起来学习做“糖果”吧。

游戏准备

◎废旧的糖果包装纸、报纸或杂志等。

◎剪刀。

游戏步骤

1.用剪刀把报纸或杂志剪成宽4厘米左右的纸条，并且折叠成糖块的形状。

2.把刚做好的糖块放在废弃的糖纸（或用彩色复印纸裁成小纸片）的中间包起来，把两端扭一下做成糖果的样子。

3.用同样的方法做出更多的“糖果”，并且把它们放在糖果盒里。

4.当孩子明白了“糖果”的做法后，要让孩子自己来完成。

游戏延伸

◎“糖果”做好了，宝宝的“糖果店”就可以开业了，爸爸妈妈、爷爷奶奶都要来捧场哦。

注意事项

◎让孩子包出不同形状的糖果，不要太过局限糖果的样子，充分发挥孩子的想象力和创造力。

孩子收获

◎动手能力得到锻炼和提高。

◎想象力和创造力得到发挥。

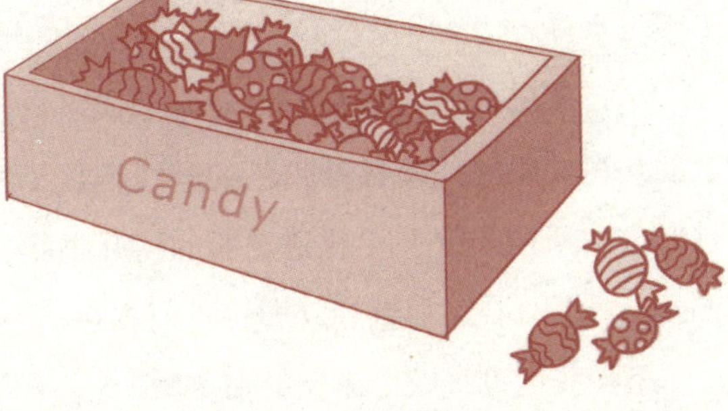

游戏6 树叶书签

听故事，玩游戏

小云平时非常喜欢看画册、故事书，可经常忘记自己看到什么地方了。一天，妈妈对小云说："想不想跟妈妈学习制作书签啊？这样每次看完书将书签夹在里面，就不会忘记看到什么地方了。"

一听说自己制作书签，小云非常开心，但具体怎么制作还是一头雾水。妈妈拉着小云走到户外，看到地上有各种颜色的树叶，妈妈让小云挑一些自己喜欢的树叶，说回去教她做树叶书签。小云蹲在地上挑拣着，不一会儿就捡了很多。

叶子找好了，妈妈拉着小云回到家，走到厨房，将这些叶片放在妈妈事先配制好的水（后文"游戏步骤"中有详细介绍）中煮5分钟左右。妈妈将已经变黑的叶片放到清水中浸泡，小云陪妈妈将叶片清洗干净，然后晾在桌子上。之后，妈妈开始用牙刷轻轻地将叶肉与叶脉分离，小云也学着妈妈的样子用牙刷将叶肉与叶脉分离。妈妈分离的叶脉非常干净，可小云分离的叶脉上却仍旧黏着很多叶肉。妈妈告诉她，分离叶脉时一定要细致，不然做出来的书签就不好看了，经妈妈耐心的指导和提醒，小云分离的叶脉越来越好了。

分离好叶脉后，放到妈妈准备好的漂白溶液（后面"游戏步骤"中有详细介绍）里面漂白，再将漂白好的叶片取出，放在清水里面清洗干净，最后放到旧报纸上吸干水分。

小云拿出自己的彩笔，将叶脉涂成了自己喜欢的颜色。妈妈找来各种颜色的丝线，让小云将它们分别系在叶脉上。看到美丽的树叶书签，小云开心极了，看完书就会立即将它们夹在书中。

下面我们也来做个漂亮的书签吧。

游戏准备

◎叶脉完整的叶子，如桂花叶、杨树叶等，最好选用老一些的树叶。

◎锅、配置好的碱液（1升水，70克石碱，50克火碱）、旧牙刷、塑料盆、漂白溶液、旧报纸、丝线。

游戏步骤

1.让孩子看看那些买来的漂亮的叶脉书签，问问孩子想不想和妈妈一起学着制作漂亮的书签。

2.将准备好的叶子拿出，让孩子挑选自己最喜欢的叶子。

3.妈妈将孩子挑选好的叶片取5~10片，用配置好的碱液煮沸5分钟左右，等叶片变黑后取出叶片，放入装有清水的塑料盆中清洗。

4.妈妈将清洗好的叶片放到桌子上，让孩子用旧牙刷轻轻地将叶肉从叶脉上分离下来。

5.让孩子将分离好的叶片放入妈妈准备的漂白溶液（或者有漂白作用的洗衣液）中漂白，将漂白好的叶片取出放到塑料盆中用清水清洗，再用旧报纸吸干水分。

6.让孩子用彩笔将叶脉染成自己喜欢的颜色，系上丝线。

游戏延伸

◎孩子熟悉书签制作过程后，可以让孩子独立做出一套书签，自己使用或送给好朋友们。

◎做树叶贴画。

注意事项

◎在煮沸过程中，不要烫伤孩子，碱液和漂白液不要让孩子接触。

◎当孩子不能完整分离叶脉和叶肉时，对孩子要多鼓励。

孩子收获

◎细微动作的控制力得到锻炼。

◎培养孩子的耐心。

游戏7 漂亮的水族箱

听故事，玩游戏

星期天，妈妈带3岁的朵朵到海洋公园玩。看到五颜六色的小鱼，朵朵非常喜欢。妈妈用照相机记录了一个个精彩的瞬间。直到海洋公园快要关门了，朵朵才恋恋不舍地离开。

在回家的路上，朵朵要妈妈到商店买小鱼，说自己要在家里养。妈妈想了想，就决定带朵朵到商城认识一下水族箱。

其实，朵朵在幼儿园里见过水族箱，只是当时她不知道这是从商店买来的，还以为只有幼儿园里才有呢。

“哇，这么多漂亮的小鱼，妈妈我要！”朵朵用小手指着水族箱用恳求的眼光对妈妈说。

“朵朵，你知道这个叫什么吗？”妈妈蹲下身子问道。

“知道，海洋的小鱼，和今天我们见到的一样。”朵朵肯定地回答，这是今天朵朵在海洋公园刚刚学到的知识。

“它们不是在海洋公园吗？怎么到这里来了呢？”朵朵补充问。

妈妈说：“这个叫水族箱，就是把海洋里的小鱼请到这里来做客，这样它们就可以和喜欢它们的人天天在一起了。”

“我也要小鱼到我们家做客！”朵朵有些迫不及待。

“好的，可今天不行，今天爸爸没有来，小鱼的‘家’这么大，我们拿不回去呀。”说完妈妈试图搬动一下水族箱，的确搬不动。朵朵也只好同意妈妈的意见。

第二天，妈妈准备了彩笔、橡皮泥等物品，决定教朵朵做“小鱼”，让朵朵按照自己的想法，自己动手做一个她心目中最好的“水族箱”。下面，你也可以和朵朵一起做漂亮的水族箱哦。

游戏准备

◎彩色橡皮泥、儿童剪刀、铅笔。

◎牙签、不用的梳子。

游戏步骤

1.把游戏所需的上述物品准备好后，启发孩子想一下小鱼的样子，让孩子在大脑里勾画出具体的形象。

2.妈妈用红色橡皮泥搓成一个椭圆形，一头大、一头小。

3.在椭圆形的橡皮泥中间，用手捏一下，让椭圆形呈现葫芦形状，并把较大的一头压成扁平。

4.用剪刀把扁平处剪开，可以分成3～4片，这样就会出现小金鱼的尾巴形状了。

5.用梳子在小鱼的“身上”和“尾巴”上，分别轻轻地压出花纹。

6.用铅笔画出“小鱼”的眼睛，并且用牙签轻轻地扎出一个小洞，用小块的橡皮泥做成小圆球放进小洞里做眼珠，这样一个“小鱼”就做好了。

7.妈妈在指导孩子做的过程中，可以启发孩子的想象力，做出不同形状和颜色的小鱼来。

游戏延伸

◎可以用橡皮泥做其他的小动物，取上名字，编出不同的故事来，大家一起来做游戏。

注意事项

◎要尽量使用儿童剪刀，如果没有的话，一定要注意安全，剪刀用完及时收起来，放到孩子拿不到的地方。

◎如果孩子的作品和实际物品的形状相差很远，也不要嘲笑他，而是引导孩子去具体观察事物的细节；如果孩子的作品做得非常好，应该给孩子正确而客观的评价，在鼓励的同时也不要过高地评价，说出作品优点的同时也可以指出不足。

孩子收获

◎认识更多的颜色，并能注意搭配。

◎观察能力和动手能力得到加强。

◎想象力得到发展。

游戏8 遥控开汽车

听故事，玩游戏

小刚生日的时候爸爸送给了他一辆遥控小汽车，这可成了小刚的宝贝，每天不是抱着汽车研究，就是用遥控器操控着汽车在自己预定的轨道上行驶。

这一天，小刚操控小汽车在客厅来回行驶，并笑着对妈妈说："我这个技术比得上司机叔叔了。"妈妈说道："那你当一回司机叔叔好不好，妈妈当乘客，你按照妈妈的指挥到达规定的地方，到达地方可以获得一张纸币，要是超过规定的时间或是无法到达，我是不'付钱'的。等会儿咱们还要比赛做司机，看谁手里的纸币多，谁就获胜。"小刚自信满满地说道："好吧，我完全同意。"

之后，妈妈用便签制作地址，贴在客厅的固定位置，便签上写有家、医院、超市、饭店、公园、健身房等地方。首先由小刚做司机，妈妈说："我要到超市买东西，你必须在5分钟之内到达。"小刚非常熟练地操控遥控器，在规定的时间到达了"超市"，妈妈又接着说："现在去医院体检，3分钟之内达到。"这次没有想象的那样容易，虽然到达了地点，但是超时了，所以小刚只获得了一张纸币。然后轮到妈妈做司机，小刚当乘客。妈妈的技术还不如小刚那样熟练，所以并没有拿到纸币。这一局，小刚获胜了！

小朋友，你是不是也想玩这个游戏呢？

游戏准备

◎遥控汽车、便签、自制纸币。

◎比较大的场地，如客厅、操场等。

游戏步骤

1.陪孩子一起玩小汽车，看看孩子能不能用遥控器控制着小汽车开往想去的地方。

2.等孩子能够比较好地控制小汽车后，妈妈和孩子一起比赛遥控开汽车。

3.在地上不规则地贴上商场、饭店、学校、超市、健身房、医院、家等代表不同地点的便签来代表这些位置。

4.先由妈妈当“乘客”，孩子当“司机”，妈妈指定地点和时间，孩子负责在规定的时间内把汽车遥控到指定的地点上。如果在指定时间内到达，妈妈付给孩子一张自制的纸币，超过时间或者没有到达指定地点不付钱。

5.妈妈和孩子轮流来做“乘客”和“司机”，谁最后手中的纸币多谁获胜。

游戏延伸

◎增加游戏难度，如“从家出发，用最少的时间经过超市、饭店、医院后到达学校”。

注意事项

◎场地大而平整，小汽车可以很好地跑起来。

孩子收获

◎锻炼孩子对地点的认识。

◎提高手对遥控器的操控能力。

Chapter 6

培养运动能力的游戏

走、跑、跳、攀登、钻爬、投掷等基本动作，对训练儿童动作的准确性、灵活性和协调性，促进血液循环和新陈代谢，培养机智、勇敢、顽强、克服困难的品质都具有十分重要的作用。我们要让孩子们充分接触新鲜空气和阳光，在游戏中奔跑、跳跃、尽情欢乐。

游戏1 踩影子

听故事，玩游戏

天气晴朗的一天，小琴和妈妈到户外晒太阳。看到小琴身后小小的身影，妈妈一脚踩了上去，然后闪到一旁说道："小琴，妈妈踩到你的影子了。"小琴赶忙回头，看到妈妈站在自己的影子旁，并未踩到，可妈妈一步上前踩在了小琴的"头"上。

小琴连忙躲闪，可妈妈却穷追不舍，小琴躲闪不开。突然，小琴瞅准机会，一下子踩在了妈妈的影子上，就这样小琴和妈妈在院子中"你踩我、我踩你"玩了好一阵。

跑累了，妈妈就和小琴一起坐在长椅上休息。妈妈说，我们制订一下游戏规则吧，咱们先"剪刀、石头、布"，谁赢了，谁就可以做先踩别人影子的人，踩到对方之后则获胜，接下来变成被"踩"的人。小琴点点头表示同意。

第一局，妈妈出了"剪刀"，小琴出了"布"，由妈妈来踩小琴的影子。妈妈左追右追，小琴左闪右闪后，尽管小琴动作非常灵活，妈妈还是踩到了小琴的影子，妈妈获胜。接着，小琴开始踩妈妈的影子……

小琴和妈妈玩得满头大汗，小琴的躲闪能力和进攻能力越来越强，能够迅速踩到妈妈的影子。

回到幼儿园中，小琴经常会和小朋友们一起玩踩影子的游戏，大家一起追逐、欢笑、嬉戏，非常开心。

让我们和孩子一起来踩影子吧！

游戏准备

◎阳光明媚的天气。

◎平整露天的场地，如小区活动区、操场等。

游戏步骤

1.带孩子到平时玩耍的地方，踩一踩孩子的影子，等孩子踩妈妈影子时，妈妈尽快跑开或改变姿势，不让孩子踩到。

2.引起孩子的兴趣后，孩子和妈妈一起来玩踩影子的游戏。

3.决定是先由孩子踩妈妈的影子还是由妈妈踩孩子的影子时，可以用“石头、剪刀、布”的方式来决定。

4.如果结果是孩子踩妈妈的影子，那么就在妈妈和孩子一起说“一、二、三，开始”后，妈妈开始跑，以求不让孩子踩到自己的影子，孩子会兴奋地追着去踩妈妈的影子。

5.如果妈妈的影子被孩子踩到了，那么孩子获胜，下面就应该是妈妈来踩孩子的影子。

游戏延伸

◎孩子玩熟了，妈妈要想踩到孩子的影子已经非常不容易之后，可以请爸爸也来参加这个游戏，人越多游戏会越好玩。

注意事项

◎场地必须平整安全、无障碍物。

◎注意孩子的身体状况，在玩的过程中注意适当休息。

孩子收获

◎锻炼孩子对身体的控制能力，提高孩子身体的灵活度。

◎培养孩子边玩边思考的习惯。

游戏2 镜子中的“我”

听故事，玩游戏

星期天，小宝站在家里的穿衣镜前照镜子玩。妈妈非常好奇问小宝在做什么，小宝疑惑地问妈妈：“为什么镜子里面的‘我’总是学我？”妈妈摸着小宝的头，笑着说：“他并不是在学你，而是在做和你相反的动作，不信你仔细看看。”

小宝还是不明白妈妈的意思，妈妈便举起他的右手说道：“你看，这是你的右手，却是镜子里面那个‘你’的左手，对不对？”经过一番仔细的观察，小宝终于弄明白了镜子的奥秘。

妈妈看到小宝已经明白镜子中人物与镜子外人物之间动作的关系特点，就对小宝说：“那你模仿镜子里妈妈做的动作好不好？”小宝开心地叫着：“好啊，好啊，我们开始吧。”

就这样，妈妈和小宝并排站着，妈妈做出了举起右臂的动作，小宝也紧跟着举起了右臂，妈妈笑着说：“小宝，错了。”说完，妈妈和小宝面对面站立着，两个人的手臂方向正好相反。经过几次反复练习，小宝彻底明白了镜子是怎么回事了，动作也更加熟练。

在之后做的动作当中，小宝出的错越来越少了。妈妈看到小宝有了进步，就和小宝制订了游戏规则，每个人给10分，分别模仿10次动作，出错一次就要扣掉1分，看看一个回合过后，谁剩下的分数高。一个回合下来，小宝获胜，他开心得不得了。

游戏准备

◎大镜子。

◎合适的场地。

游戏步骤

1.让孩子站在一面大镜子前（最好是能显示整身），然后随意做动作，并让孩子注意观察镜子里的“孩子”会做什么，让孩子认识到不仅动作一模一样而且方向相反的这一特点。

2.妈妈在镜子前做一个动作后，孩子要根据“照镜子”的特点，做出相反方向的动作，以锻炼孩子的模仿能力和动作反应能力。

3.孩子对游戏熟悉后，妈妈和孩子可以通过玩猜拳“石头、剪子、布”来决定谁做动作谁模仿。

4.看看哪个镜子里的人跟不上镜子外的人，动作做错的就要减一分，10次为一局，最后得分高的为胜。

游戏延伸

◎这个游戏可以让爷爷奶奶或其他小朋友也参与进来，一起来玩动作传递的游戏，看看谁做的动作和第一个人的最接近。

注意事项

◎对于年龄小的孩子，可以让孩子来模仿成人的动作，成人在做动作的过程中要注意由简单到复杂，由慢到快。

◎不要做危险的动作让孩子模仿。

孩子收获

◎锻炼孩子身体的协调性和反应能力。

◎了解镜子中的“我”和本人的动作不是相同的而是相反的。

◎培养孩子的注意力和观察力。

游戏3 看谁站得稳

听故事，玩游戏

星期天，全家人吃过早饭后，爸爸找来一根约5米长的绳子。大熊不知道爸爸要做什么，就紧跟着来到院子里。只见爸爸把绳子的一端递给了大熊，大熊和爸爸便开始了拔河游戏。不用说大家也知道，爸爸一下子就将大熊拉了过去。大熊站在一旁不服气，可无论他怎么拉绳子，爸爸都是一动不动的。

妈妈看着用力拉绳子的大熊，笑眯眯地走上前来，对大熊说："大熊，你人小，力气小，而爸爸是大人，力气大，无论怎样拉你都是拉不过爸爸的。不如妈妈教你一种方法，这种方法并非力气大才能获胜。"大熊一听有这种方法，非常欢喜。

妈妈让大熊叫来爷爷和奶奶，然后将绳子放到地上围成圆圈，并沿着绳子在地上画了个大小相同的圆圈，又请大家一同站在圆圈外面，双手分开拉着绳子，妈妈对大家说："大家开始拉绳子，目的是不让自己进入圈里，谁先进到圈中谁就失败，失败一方要退出，其余的人接着拉，直到绳子再也拉不动了即可停止，最后两个没有被拉到圆圈中的人获胜。"大家都点点头。

爸爸"开始"的命令刚一出口，一家五口就用力拉了起来，都想要将自己旁边的人拉入圈中。在拉动绳子的过程中，爷爷和奶奶由于腿脚不便，平衡能力较差，最先被拉到圈中，之后妈妈被拉到了圈中，最后爸爸和大熊获胜。

这个游戏很考验自身平衡力的呦，下面让我们一起玩增强平衡力的游戏吧。

游戏准备

◎一根超过5米的绳子、粉笔。

◎平整的场地，如小区活动区等。

游戏步骤

1.爸爸拿出一根绳子，和孩子一起来拉一拉，看谁能拉得动谁。

2.孩子被拉动后，妈妈跟孩子说，这样拉绳子，谁的力气小谁就会被拉动，咱们来玩一个别的拉绳子的游戏吧。

3.叫上爷爷、奶奶一起来玩游戏。

4.妈妈将绳子放在地上围成圆圈，爸爸用粉笔沿着绳子在地上画一个相同大小的圆圈。

5.大家站在圆圈外，双手左右分开拉着绳子，谁先被拉入圆圈内谁就输了。

6.大家一起用力，争取将自己左右两边的人拉入地上所画的圆圈内。被拉入圆圈内的人就要退出，剩下的人接着拉，直到绳子再也拉不动为止，这时还没有被拉入圆圈内的人获胜。

游戏延伸

◎可以做更大的圆圈，叫上更多的小朋友一起来玩这个游戏。

注意事项

◎叮嘱孩子在拉的过程中不能松手，不能用手推自己左右两边的人，否则就是犯规，直接算失败。

孩子收获

◎锻炼孩子的平衡能力和控制力。

◎对孩子力量和灵活性进行一定的锻炼。

游戏 4 小·青蛙“跳跳跳”

听故事，玩游戏

小敏喜欢用粉笔在庭院中的地上画画。在一个天气晴朗的星期天，小敏又蹲坐在地上，画着花朵、树木和房屋。这时，妈妈拿来一盒彩色的粉笔递给小敏，小敏非常惊喜：“哇，这些粉笔的颜色真漂亮。”

妈妈看到小敏来了兴致，就对她说：“咱们画个可以做游戏的东西。”说完，妈妈用彩色的粉笔画起九宫格来。格子画好之后，妈妈对小敏说：“这个叫九宫格，妈妈小时候就玩过这个游戏，现在我来读格子的颜色，我读到哪个颜色，你就跳到哪个格子里面。如果你跳错了，就由你选颜色，妈妈来跳好不好？”小敏点了点头，认真地听从着妈妈的指挥。

只听妈妈说着“红色”，小敏就跳到了红色的格子上面，妈妈又说出了“蓝色”，小敏想了一会儿，跳到了蓝色的格子上面。妈妈连续说了十个颜色，小敏跳对了九次。

之后妈妈又让小敏说格子的颜色，由妈妈来按照小敏所说的颜色跳格子，妈妈每一次都跳得非常正确，小敏因为跳错了一次而输给妈妈。游戏继续进行着，慢慢地，小敏也能准确无误地跳对所有的颜色了。

妈妈看到小敏已经熟悉了所有的颜色，就加大了游戏的难度，在每个格子上标注上数字，当妈妈念到“红3”时，小敏就会跳到红色并且标注着数字“3”的格子上面。游戏难度虽然大了，可小敏仍旧玩得非常开心。

下面就让我们一起玩这个游戏吧。

游戏准备

◎不同颜色的粉笔。

◎合适的场地，如小区活动区、操场等。

游戏步骤

1.拿出不同颜色的粉笔，教一教孩子认识这些粉笔都是什么颜色。

2.妈妈来考考孩子，以巩固认识的粉笔的颜色。

3.带孩子来到小区活动区或者操场等孩子经常游戏的地方，和孩子一起在地上用不同颜色的粉笔画上类似九宫格的格子。

4.让孩子站在格子外面，妈妈来说颜色。当妈妈说哪个颜色的时候孩子就跳到哪个颜色的格子里，跳对一次得1分。

5.之后，让孩子来说颜色，妈妈来跳格子，孩子计分。

游戏延伸

◎请更多的小朋友一起来玩，或者加大跳格子的难度，如在格子中写上数字，读类似于“红3”也就是红色写着“3”的格子，让孩子来跳。

注意事项

◎格子不要太大，防止孩子跳格子时跳不到或摔倒。

孩子收获

◎锻炼孩子腿部肌肉，增强身体灵活性。

◎复习颜色、数字等知识。

游戏5 熊来了

听故事，玩游戏

一天，妈妈在给米米讲小熊维尼的故事时突然想到一件事，就对米米说道：“故事中的小熊维尼天真善良，可现实的熊却是非常危险，它们看到有人侵犯它们的领地时会毫不客气地攻击。”

米米听到妈妈这么说，表现得非常恐惧，急忙说道：“那要怎么做才能不让熊攻击呢？”妈妈摸着米米的头说：“那就是保持镇静，一动不动。稍微一动，熊就会将你抓走。现在咱们一起来做这个‘熊来了’的游戏，好不好？”

“好啊，好啊！”米米开心地叫着，并把爷爷、奶奶、爸爸都拉了过来。游戏开始了，爸爸扮演那只熊，而米米、妈妈、爷爷、奶奶扮演不想被熊抓走的人，爸爸大喊一声：“熊来了！”米米、妈妈、爷爷、奶奶赶忙停下动作，一动不动地站在那里。

这时，“熊”从他们身边经过了，爷爷、奶奶、妈妈都没有动，走到米米跟前时，“熊”做了个鬼脸，米米忍不住大笑起来，“熊”一把抓住了米米。

第二回合，由米米来担任“熊”的角色，只见这只“熊”左闻闻右嗅嗅、看着米米装成熊的古怪模样，奶奶终于忍不住“扑哧”笑出了声，奶奶也就成了被“熊”抓走的人。接下来，大家分别扮演“熊”的角色，一家五口开心得不得了。

游戏准备

◎较大的平整场地，最好是草地。

游戏步骤

1.给孩子讲清规则。

2.请爸爸、妈妈、爷爷和奶奶一起来玩“熊来了”的游戏，看谁能不被“熊”抓走。

3.爸爸扮演“熊”，孩子、妈妈、爷爷、奶奶一起扮演不想被“熊”抓走的人。

4.爸爸喊道“熊来了”，大家一起保持原来的姿势“一动不动”地站在原地，同时不发出任何声音，等着“熊”走到每一个人旁边看一看，嗅一嗅，然后走过去。

5.等“熊”走过一遍，谁的身体动了或者发出声音了就会被“熊”抓走。

6.被抓走的人就是接下来游戏里的“熊”。

游戏延伸

◎我们还可以提高游戏难度，比如在“熊来了”之前，大家必须模仿一种动作，如扫地、擦桌子等，等“熊来了”就一直保持同样的姿势不变。

注意事项

◎让孩子“不能动”的时间不要过长，以免造成对身体的损伤。

◎告诉孩子要保持的姿势不要太难，如金鸡独立等姿势就不要做了。

孩子收获

◎锻炼孩子自我控制能力。

◎让孩子认识到有时候“安静”十分重要。

游戏 6 鸭子过桥洞

听故事，玩游戏

小勇非常喜欢玩水，在他洗澡的时候，妈妈会将塑料鸭子放到澡盆中，小勇就一边洗澡一边和小鸭子说话，玩得非常开心。

妈妈看到小勇这么喜欢玩小鸭子，就拿出一个大盆，在里面加满水，并将两只大小相同的塑料鸭子放在水中，然后蹲在水盆旁边朝小鸭子用力地吹气，小鸭子就按照妈妈吹气的方向游啊游。小勇看到妈妈可以控制小鸭子游水的方向，觉得很好玩，也学着妈妈的模样对着小鸭子吹起气来。

妈妈看小勇提起了游戏的兴趣，便对小勇说："我们在水的中央搭一座可以让小鸭子通过的桥，然后比赛看谁能先让小鸭子通过桥，怎么样？""好呀。"小勇高兴地答应了。于是，妈妈找来硬纸片搭在水盆上，并用胶带固定好。

水盆的中央就出现了一座小桥，妈妈和小勇一同将自己的小鸭子放到水中，用力地吹着。眼看着妈妈的小鸭子就要"游"到桥下了，小勇就有些着急了，用力使劲儿一吹，不料小鸭子从桥的旁边游了过去，而妈妈的小鸭子顺利地通过了小桥。

小勇看到自己输了，很是不甘心，赶忙对妈妈说："我们再来一次，再来一次！"妈妈说："好，好，好，咱们再来一次，这次你可要掌握好方向啊。"

有了上次的经验，小勇不再那么心急，他紧紧地盯着属于自己的小鸭子，耐心地对着它吹气，终于领先妈妈通过了桥。

游戏准备

◎一个大水盆、两只塑料鸭子、一座塑料桥、胶带。

游戏步骤

1.把塑料鸭子放在大水盆里，妈妈对着鸭子吹气，让鸭子按照妈妈的想法游动。鼓励孩子试一试，看看孩子能不能控制鸭子的游动方向。

2.等孩子基本掌握控制鸭子游动方向的技巧后，家长可提出和孩子比一比，看谁能更好地控制鸭子游动。

3.把塑料桥放在水盆的中央，并用胶带固定住。

4.在离桥洞差不多远的地方放两只塑料鸭子，一只让孩子吹动，另一只妈妈吹动。

5.孩子和妈妈同时喊“开始”，然后孩子和妈妈各自对着自己的鸭子吹气，使鸭子向着桥洞的方向游去。谁先让鸭子穿过桥洞，谁就获胜。

游戏延伸

◎可以加入更多的小朋友或者家人一起游戏，因为更多的小鸭子之间会相互干扰，游戏难度会增大。

注意事项

◎鸭子不宜太大，要让孩子可以比较轻松地吹动。

◎游戏时间不宜太长，以防吹气时间过长而致脸部肌肉酸痛。

孩子收获

◎锻炼孩子对所用力量的掌控。

◎在游戏中自己总结和实践。

游戏7 好玩的小皮球

听故事，玩游戏

明明很喜欢玩皮球，每天“咚咚当当”地拍个不停。正当明明拍皮球时，他却看到爸爸拿起一个皮球和一根小棒子，妈妈指挥道：“把皮球推到门口。”只见爸爸拿着小棒子缓缓地推动着皮球，球被推到门口时自己缓缓地停下。

明明一看，皮球居然还可以这样玩，就对妈妈说：“我也想玩用小棒子推皮球。”说完就拿出一只小棒子，准备推皮球，妈妈说了一声：“将皮球推到沙发旁。”明明立即推了起来，可球并不受他的控制，费了好大的力气才将球推到沙发前。

“爸爸，小球怎么那么听你的话，不听我的话呢？”明明着急地问爸爸。“这跟小棒子推球时的方向、用力的大小都有关系，你再看看爸爸是怎么推的。”爸爸说完，手把手地教明明练习起来。

明明基本掌握了推球的技巧后，妈妈提议让明明和爸爸进行比赛。爸爸和妈妈带着明明走到室外，妈妈在地上画了两条长度相同的线，然后让爸爸和明明分别拿着一根小棒沿着地上画好的线的方向控制皮球前进。一开始，爸爸领先明明，可明明并没有灰心，明明明白，推球的过程中是不能急躁的。虽然在游戏过程中比爸爸的速度慢了一些，可整个推球的过程却表现得非常认真和有耐心。

经过几次比赛，明明的推球技巧大有了长进，并且非常喜欢这个游戏，连续几天，无论是在学校还在家中，明明都会和旁人进行这个游戏。游戏的过程中，明明积极动脑，控制着推球的速度和力度，推球的技术也越来越好了。

游戏准备

◎小皮球、小棒、粉笔。

◎平整的场地。

游戏步骤

1.爸爸用小棒驱动小皮球，让小皮球随着妈妈说的方向前进，最后停到妈妈指定的位置，引起孩子兴趣。

2.让孩子试着用小棒来驱动小皮球，在爸爸的指导下学会如何控制驱动小皮球的方向和力量。

3.等孩子能够比较熟练地驱动小皮球后，妈妈提出让孩子和爸爸比赛，看谁能更好地让小皮球跑起来。

4.妈妈用粉笔画出小皮球要走的路线和最后要停到的终点。爸爸和孩子驱动小皮球，看谁能更快地驱动小皮球沿着妈妈画出的路线到达终点。

游戏延伸

◎准备更多的小皮球和更大的场地，让更多的小朋友一起游戏，游戏中还可以通过增加小皮球要走的路线的拐角个数来增加游戏难度。

注意事项

◎场地要平整安全，以免孩子低头驱动小皮球时摔倒。

孩子收获

◎动作的准确性得到锻炼。

◎让孩子学会自己思考总结游戏中得到的技巧。

Chapter 7

培养语言能力的游戏

用语言来玩的游戏，不受场地、时间、人数、游戏材料的影响。在游戏中孩子注意倾听并记住同伴的讲话，在短时间内经过思维、分析、判断然后用语言表达出来，能起到培养孩子注意力、记忆力、语言表达能力的作用。

游戏1 小小邮递员

听故事，玩游戏

妈妈收到了一封朋友来信。邮递员的着装以及举止让5岁的玲玲感到很新鲜。于是，玲玲便对爸爸妈妈说："爸爸、妈妈，我们一起来玩邮递员送信的游戏吧。"爸爸说："那好啊！先由我来扮演邮递员，负责敲门送信，你和妈妈负责收信，好不好？"

玲玲高兴地说："好啊。"于是爸爸就站在沙发旁边，做出敲门的样子："咚咚咚，有人吗？"

这个时候坐在沙发上的玲玲与妈妈便问道："您是哪位，有什么事情啊？"爸爸回答说："我是邮递员，我是给玲玲送信的。"玲玲一边做出开门的动作，一边高兴地说："请进。"爸爸说："你的信，请签收。"玲玲接过信，装作签名的样子，然后对爸爸说："谢谢，邮递员叔叔。"爸爸说："既然你收到了信，那么现在就做邮递员，爸爸妈妈负责收信，好不好？"玲玲开心地说："太好了，我喜欢。"玲玲站到沙发外面，假装敲门的动作说："叮咚叮咚，有人吗？"妈妈回答道："谁啊，有什么事情？"玲玲非常有礼貌地回答道："我是邮递员，我是给妈妈送信的。"妈妈回答道："好，我来开门了。"于是做出开门的动作。"接信的人是妈妈，所以妈妈这次做邮递员。"玲玲开心地说道。

游戏结束后，妈妈对玲玲说："如果你一个人在家，千万不要轻易给陌生人开门，要防坏人进家呀！"之后，妈妈给玲玲讲了相关的安全防范知识。

游戏准备

◎信件道具。

游戏步骤

1.先由爸爸来扮演邮递员给妈妈或孩子送信。

2.妈妈和孩子在沙发上玩耍，爸爸从“远处”走来，走到沙发附近，发出“叮咚、叮咚”类似于按门铃的声音。

3.孩子和妈妈开口问道：“谁啊？”爸爸答道：“我呀。”孩子和妈妈继续问：“你是谁啊？”爸爸答道：“我是邮递员。”孩子和妈妈一起问：“你来干什么？”爸爸答道：“我来送信。”孩子和妈妈最后问：“谁的信？”爸爸答道：“妈妈的信（孩子的信）。”爸爸说是谁的信，谁就来接信。

4.接到信的人便是下一次游戏的邮递员，继续重复游戏。

游戏延伸

◎等孩子对游戏玩熟练后，还可以在问话中增加新的内容，如“哪里来的信”“谁来的信”等问题。

◎还可以叫上其他小朋友，一次不止送出一封信，也可以不止一个“邮递员”送信。

注意事项

◎游戏前先让孩子理解收信这件事。

◎教孩子的语言要易懂、易说。

孩子收获

◎锻炼孩子语言表达能力和应对能力。

游戏2 介绍我自己

听故事，玩游戏

周五的晚上，5岁的畅畅和爸爸妈妈一起到爷爷家吃饭。一顿丰盛的晚餐后，全家人一起看电视节目。这个时候电视里正在播放畅畅最喜欢的“快乐宝贝”节目。节目的主要内容就是让孩子介绍自己的姓名、年龄以及自己所在的幼儿园，介绍之后由宝宝表演节目。

畅畅特别喜欢这个栏目，尤其是表演节目的环节，平时他还会模仿电视节目里小朋友，自己在家做自我介绍。有心的妈妈看到孩子有这方面的兴致，就觉得可以排练一个家庭宝宝秀，让孩子有一个自我表现的机会。于是就对孩子说：“畅畅，你是不是特别喜欢这个节目啊？”畅畅回答道：“是啊，我可羡慕他们了，能在电视上表演节目。”“那你来给我们做自我介绍，表演一个在幼儿园学过的儿歌或者是舞蹈，爷爷奶奶、爸爸妈妈当观众好不好啊？”畅畅听到自己有一个展示的机会，便高兴地说道：“太好了。”然后就站在大家的中间表演起来。

畅畅说：“大家好，我叫畅畅，今年5岁了，来自育红幼儿园，最喜欢的人有爷爷奶奶、爸爸妈妈。我会很多的儿歌，希望能够唱给大家听。”于是畅畅就把幼儿园学的儿歌唱了出来，不时还配合着一些动作。畅畅做得非常认真，大家为他送去了热烈的掌声，妈妈还为他献花了呢！

“自我介绍”让畅畅的信心得到了提升，他更有信心展示自己的优点了。

游戏准备

◎合适的电视节目。

游戏步骤

1.打开电视，让孩子看一些少儿表演节目（如“超级宝宝秀”等）。

2.引起孩子的表演欲，让孩子注意到在表演之前都会有一段孩子的自我介绍。

3.给孩子一个“舞台”，爸爸妈妈、爷爷奶奶作为观众，让孩子首先想好如何进行自我介绍。

4.自我介绍第一部分，是孩子的基本信息介绍，比如“我叫什么名字，今年几岁，在什么幼儿园上学，我最喜欢谁，我擅长什么”等。

5.自我介绍第二部分，可以让孩子对自己进行评价，比如“我认为我是一个什么样的人，因为什么”。

游戏延伸

◎等孩子有了自己满意的自我介绍后，可以让孩子在更多人面前进行自我介绍。

◎如果有机会可以争取让孩子参加更多的活动，为孩子提供展示的机会。

注意事项

◎在孩子的自我介绍中，不要给孩子太多的模板，让孩子自己来介绍自己。

◎不要限制孩子介绍的内容，即使这些部分你不是特别认同。

孩子收获

◎锻炼孩子语言表达能力和临场应变能力。

◎锻炼孩子的胆量。

游戏3 词语接龙

听故事，玩游戏

6岁的丹丹平常说话时，嘴里时常蹦出一些大人们才讲的词或成语来。妈妈觉得孩子的词汇量日渐丰富，同时也为了让孩子掌握更多的词语，便决定和丹丹做一个词语接龙的游戏。

吃完晚饭以后，全家都坐在沙发上。妈妈对丹丹说道：“咱们今天做一个与文字有关的游戏吧？”丹丹说：“太好了，快说说是什么游戏！”

妈妈说：“游戏规则很简单，我们做一个词语接龙，比如我说一个词‘大衣’，爸爸可以接‘衣服’，奶奶说‘服装’，爷爷说‘装修’，丹丹可以接‘修理’，就这样一个词语接着一个词语的游戏。但是要说好，谁接不上来，就要给大家表演节目，听清楚了吗？”丹丹大声回答：“听清楚了，赶快开始吧！”

爸爸首先开始说了一个词语：“文明。”妈妈接过来说“明白”，下一个该丹丹说了，丹丹自言自语说道：“白、白、白、白天！”奶奶接着说“天才”，爷爷接过来说“才华”，就这样一轮接一轮地说着词语，但是当说到星辰的时候，丹丹、爷爷、奶奶都不知道说什么了。这个时候妈妈说道：“按照我们游戏的规则，丹丹和爷爷奶奶必须要表演一个节目。”于是爷爷奶奶在丹丹的“带领”下表演了一个“拔萝卜”。丹丹玩得很开心。这个游戏，不仅让丹丹加深了对词语的记忆，而且还激发了丹丹学习词语的热情。

游戏准备

◎合适的场地。

游戏步骤

1.给孩子讲一讲“接龙”游戏的由来和规则，引起孩子想要玩这个游戏的兴趣。

2.爸爸妈妈、爷爷奶奶和孩子一起围坐在一起，由孩子先说出一个词语（如同学），坐在孩子左手边的妈妈要用孩子说的词的最后一个字作为开头来组词（如学校），然后由妈妈左手边的爸爸接着组词（如校园），依次往下传。

3.如果中间有人接不上组词，可以由下一个人来接，如果连续3个人都接不上这个词，那么停止游戏，由没有接上词的3人表演节目。

4.表演节目结束后，由最后一个没有说出组词的人，重新选一个词来开始新一轮游戏。

游戏延伸

◎等孩子的词汇量到达一定程度后，还可以进行“成语接龙”。

◎说过的词语不能重复使用。

注意事项

◎同一个音的字如果重复出现，尽量不用同样的组词。

◎家长尽可能地让所组词语的末尾字比较常见。

孩子收获

◎孩子的反应能力和发散思维得到锻炼。

◎帮助孩子复习学过的词语，增大学习语言的兴趣。

游戏4 什么东西圆又圆

听故事，玩游戏

5岁的小云在客厅看图画书，一边指着图画书，一边念着儿歌："圆圆的是太阳，弯弯的是月亮，最可爱的是小宝宝。"刚做完家务的妈妈听到了孩子的自言自语，就想让孩子自己尝试着编一些儿歌，便说："小云，你说幼儿园老师教的儿歌好听吗？你喜不喜欢啊？"小云说："喜欢，我最喜欢说老师教的儿歌了。"

"那太好了，那你想不想自己编一个有意思的儿歌？"小云说："我自己也能编儿歌？"妈妈说："对啊，我来做指导。比如说'什么东西圆又圆，什么东西扁又扁，什么东西尖又尖'，然后你当作问题进行回答，你可以说'苹果苹果圆又圆，扁豆扁豆扁又扁'，咱们一问一答好不好？"小云一听："太好了。"妈妈说"什么东西圆又圆"，小云说"西瓜西瓜圆又圆"，小云说"什么东西弯又弯"，妈妈回答"月亮月亮弯又弯"，妈妈接着又问"什么东西扁又扁"，小云回答道"扁豆扁豆扁又扁"。

妈妈看小云都能流利地回答了，便对小云说："咱们拍着手掌说，这样就更有意思了。"于是两人便拍着手掌问答起来。就这样小云和妈妈一边拍手一边唱儿歌，当小云回答不上来时，妈妈会给小云一些提示，聪明的小云很快就会想出来了。

小朋友，下面你是不是也想自己编儿歌呢？一起来玩吧。

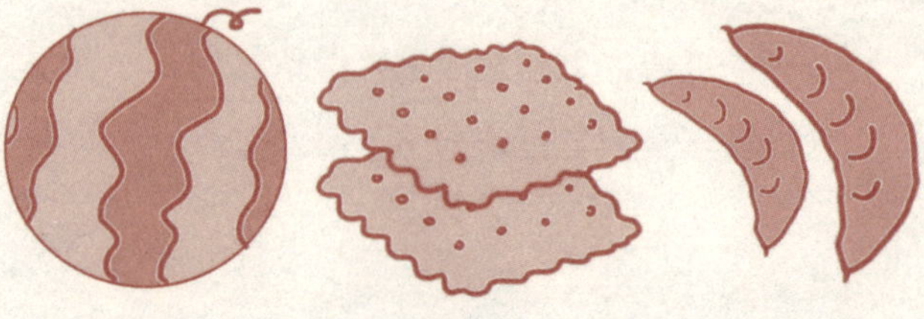

游戏准备

◎舒适安静的场地。

游戏步骤

1.妈妈和孩子一起来玩拍手游戏，告诉孩子拍手歌要提问的部分，回答的部分要让孩子自己来编，看看谁编得又快又好。

2.妈妈边拍手边提问“什么东西圆又圆”，孩子回答“西瓜西瓜圆又圆”等，然后孩子提问“什么东西弯又弯”，妈妈回答“扁豆扁豆弯又弯”等，妈妈提问“什么东西四只脚”，孩子回答“小羊小羊四只脚”等，孩子提问“什么东西蹦蹦跳”，妈妈回答“青蛙青蛙蹦蹦跳”等。

3.等孩子编好之后，还可以给孩子提更多的问题，如“什么东西空中飞，什么东西陆上跑，什么东西水中游”等，或者让孩子发挥自己的想象力来提问。

游戏延伸

◎孩子和妈妈一起把拍手歌编好之后，可以让孩子自己用学过的字或者拼音记录下来，作为孩子的作品保存。

注意事项

◎如果觉得孩子说的不是特别正确，比如说回答圆又圆的时候列举的东西不是圆的，这时可以去问孩子为什么这么说，然后给孩子适当的引导，但不能跟孩子说“这个不行”等类似的话语来限制孩子的想象力。

孩子收获

◎锻炼了孩子的语言表达能力和联想能力。

◎丰富孩子想象力。

游戏5 说说反义词

听故事，玩游戏

这一天，5岁的小明在家里看动画片，电视上播的动画片是《大头儿子和小头爸爸》。小明看着动画片里的人物非常开心，并且对妈妈说："妈妈，你看这个动画片，大头儿子的脑袋那么大，他爸爸的脑袋那么小。他们还一起'顶牛'玩，真好玩。"

妈妈说："'大'和'小'意思相反，所以它们是一对反义词，那你还知道其他的反义词吗？"小明眨了眨眼睛，说道："我不是很明白您说的意思。"妈妈想了一下，灵机一动说道："其实咱们家里就有带反义词的东西。"妈妈拉着小明去看了冰箱和电视机，说道："你看，冰箱的颜色是白色的，电视机外壳是黑色，黑白就是一对反义词。"然后到餐厅指着餐桌说道："你看，餐桌是很高的，餐椅是矮的，高矮也是一对反义词。你明白了吗？"小明似乎有所收获地点点头，并且说："反义词，就跟前面的'大'和'小'是一样的。"妈妈夸赞道："小明真是一个肯动脑筋的孩子，就是这样的。"

到了晚上，小明向刚下班回家的爸爸炫耀说："爸爸，今天我学会了反义词，非常有意思。"爸爸说道："是吗？那我可要考一考你，你说一说'长'的反义词是什么？"小明马上回答道："长的反义词是短。"爸爸又接着说道："太好了，你与妈妈进行反义词比赛吧，赢的加1分，你已经回答了一个，给你加1分。"就这样，小明玩得津津有味。

游戏准备

◎事先让孩子了解一下反义词概念，和孩子做一下反义词的练习。

游戏步骤

1.妈妈和孩子说一说什么是“反义词”，举例说明，比如拿一个大杯子和小杯子，告诉孩子像这样“大”和“小”就是反义词。

2.妈妈带着孩子在生活中找一找，都有哪些反义词，比如“高桌子”和“矮凳子”中的一对反义词“高”和“矮”，“黑色的电视”和“白色的冰箱”中的一对反义词“黑”和“白”。

3.等孩子感兴趣后，请爸爸来和孩子一起比赛，看谁能够说出更多的反义词。

4.或者由爸爸出题，妈妈和孩子来比赛，爸爸先说一个词，让孩子来说这个词的反义词，答对了得1分，答错了不得分；然后爸爸再说一个词，让妈妈来说反义词，同样答对1分，答错不得分。

5.计算妈妈和孩子的得分，得分多的人获胜。

游戏延伸

◎等孩子对反义词熟悉后，还可以来玩“近义词”的游戏。

注意事项

◎爸爸出题的时候注意孩子的词语量和认知能力，避免打击孩子自信心。

◎妈妈答对题数要比孩子多，但是不能多太多，要让孩子觉得自己是有可能获胜的。

孩子收获

◎锻炼了孩子的对比联想能力。

◎提高孩子对词汇的记忆效率。

◎丰富孩子词汇量。

游戏6 我的小商场

听故事，玩游戏

5岁的玲玲在和妈妈一起去商场购物回来的路上对妈妈说：“妈妈，我们要是有一家自己的商场，里面有玩具、新衣服、好吃的东西，那该多好！”妈妈笑了笑说：“你这个想法倒是不错，我们回家后玩‘过家家’游戏，咱们开一个商场好不好？”玲玲高兴地拍手叫好。

回家后，玲玲对妈妈说：“现在就陪我玩这个游戏，好不好？我要当商店的店长！”妈妈说：“那不行，想要当店长，先要进行比赛，比赛赢了才能当这个商店的店长。咱们想开一个什么店，就要说出这个店里有什么，谁说得对、说得多就当店长好不好？”

玲玲说：“好！那现在就开始吧！”妈妈说：“那好，水果店里都有什么啊？”玲玲说：“水果店里有苹果、葡萄、西瓜、香蕉、梨……”妈妈说：“你知道的真不少。”接下来该妈妈说了，毕竟玲玲的年纪小，最后获胜的是妈妈，所以妈妈是商场的店长。

妈妈说：“咱们已经成立了水果店，由妈妈做了店长，下面我们要成立一个玩具店，咱们每个人说说玩具的名字，看谁说得多，谁就是店长。”经过比赛，这次玲玲获胜了，玲玲做了玩具店的店长。

玲玲和妈妈一起把玩具和水果摆放在她们的“商店”里，开始营业了。“咱们应该给商场起一个名字。”妈妈笑着说道。玲玲嘟着小嘴想了想，然后说：“要不然咱们的商场叫‘我爱我家’吧。”妈妈会心地笑了。

游戏准备

◎孩子要对购物、商场等有一定的认识。

游戏步骤

1.妈妈和孩子玩过家家游戏——“开商场”，首先和孩子商量要开什么店。

2.妈妈和孩子一起来决定开一间水果店、一间服装店、一间玩具店、一间电器店等。

3.开店要做的第一件事就是要进货，妈妈带着孩子来回忆一下需要进哪些货。如水果店需要的水果：妈妈和孩子分别来说一说都有哪些水果，谁说的水果品种多，谁就是这个店的主人了。

4.依次决定“服装店”“玩具店”“电器店”等商店属于谁。

5.大家一起给商场起个名字。

游戏延伸

◎针对店里的商品进行分类，比如在同一季节成熟的水果、同一季节穿的衣服、同一个年龄段孩子玩的玩具等。

注意事项

◎决定店铺内容时要参考孩子的认知能力，让他能够理解这个店是卖什么的。

◎培养规则意识，游戏中不要过分迁就孩子。

孩子收获

◎锻炼孩子对比联想能力。

◎提高孩子对词汇的记忆效率。

◎同类词汇归类能力和语言表达能力得到加强。

游戏7 以字连句

听故事，玩游戏

6岁的瑶瑶可以认识一些简单的文字了，经常拿着幼儿园发的卡片读："大、小、红、白、黑……"

这个时候妈妈笑着说："瑶瑶认得这么多字，那你学过造句吗？"瑶瑶反问妈妈说："妈妈，怎么叫作'造句'呢？"妈妈和蔼地说道："'什么是造句'这个问题，我给你举个例子，你就明白了。"说着妈妈从卡片当中拿出一个"瓜"字，又拿出一个"小"字，边说边指着相应的字说："'小'朋友手里拿着一个香'瓜'，这就是我造的句子，这里面包含卡片上的字。你明白了吗？"

瑶瑶似乎明白了，慢吞吞地说道："那您考考我吧，看我会不会。"妈妈眯着眼睛说："别担心，没有你想的那样难。"随后妈妈从卡片当中抽出两个字，一个是"月"，另外一个是"云"，便问道："这两个字你认识吗？"瑶瑶回答说："我认识，是'月'字和'云'字"。我要想一想。"过了一会儿，瑶瑶说："月亮趴在云彩上睡觉。"妈妈抚摸着孩子的小脑袋说："宝贝说对了，就是这样子的，咱们继续好不好？"孩子又从卡片当中抽出两个字，一个是"大"，一个是"木"，妈妈说："森林里的树木非常高大。"妈妈说的时候指着这些字，微笑地看着瑶瑶。

瑶瑶说："原来这么简单，我明白了。"妈妈说："游戏还没有完，我这里还要增加卡片呢，看你行不行。"瑶瑶说："没问题。"就这样，卡片不断地增加，瑶瑶的回答越来越熟练了。

孩子对于语言的学习是从一个一个的字开始的，这个游戏可以帮助孩子尽快把一个一个单独的字连起来组成不同的句子。

游戏准备

◎孩子常用字字卡。

◎舒适的场地，如客厅等。

游戏步骤

1.拿出孩子常用字的字卡，让孩子复习一遍这些字，保证孩子知道这些字卡上的字的读音和最基本的含义。

2.从字卡中拿出两个字，妈妈用这两个字连成一句话，给孩子做示范，如拿到“水”“上”两个字，妈妈说“把‘水’倒进桌子‘上’的杯子里”，说到水的时候指一指“水”的字卡，说到“上”时指一指“上”的字卡。

3.让孩子从卡片里面随意抽出两个字，试着连成一句话或不同的几句话。

4.等孩子熟练之后，和孩子来进行比赛。妈妈抽出10组字，孩子抽出10组字，妈妈用孩子抽出的字连句，孩子用妈妈抽出的字连句，看谁连得更快更好。

游戏延伸

◎可以请更多的小朋友一起来比赛，比赛时可以加大游戏难度，如用3个字来连成一句话等。

◎让孩子用妈妈给出的字，编出一个故事来。

注意事项

◎字卡必须是孩子最常用的。

◎刚开始孩子不能很好地连成一句话时，家长要多给孩子引导和鼓励。

孩子收获

◎锻炼孩子对语言的把握能力。

◎提高孩子联想力。

◎复习孩子学过的字。

游戏8 打电话

听故事，玩游戏

晨晨拿着一个玩具手机对着旁边的玩具小熊自言自语："你吃饭了吗？我今天吃了很多好吃的东西，你是不是很羡慕我啊？"随后摆弄着小熊说："你真乖啊，给你买好吃的，你要听话啊。"

正在做家务的妈妈觉得孩子的举动很是可爱。打扫完毕后，便对孩子说："你一个人打电话觉得枯燥吗？不如你和妈妈打电话，是不是这样更有意思？"晨晨回答道："好啊，太好了。"妈妈说道："虽然打电话看不到人，但是说话必须有礼貌，这样才能给人留下一个好印象，知道吗？"晨晨回答："知道的，老师在幼儿园都教过我们。"

游戏开始了，妈妈拿着手机学着来电提醒的声音"叮咚咚咚，叮咚咚咚"，晨晨接过电话说道："喂，您好，您是哪位啊？"妈妈说："我是妈妈啊，你现在好吗？"晨晨回答说："妈妈啊，我现在很好，我非常想你。"妈妈说："你现在干什么呢？能不能告诉妈妈呀？"晨晨说："我现在坐在沙发和小熊聊天呢。"妈妈说："你坐着的沙发是什么颜色的、什么形状的呀？"晨晨说："沙发是红色，我非常喜欢坐在这里，就像坐在一个大手掌里。妈妈你现在做什么呢？"妈妈说道："我现在看杂志呢，非常有意思，都是一些小故事。"

就这样，晨晨和妈妈聊呀聊，一会儿聊家里的事情，一会儿聊幼儿园的事情。

通过"打电话"这个游戏来训练孩子的语言表达能力是个不错的办法哦。

游戏准备

◎玩具手机。

◎比较安静的场地，如家里的客厅。

游戏步骤

1.取出准备好的玩具手机，和孩子一起玩打电话的游戏。

2.让孩子看看妈妈是如何打电话的，妈妈在电话里都说了些什么，来引起孩子对打电话的兴趣，并让孩子模仿。

3.妈妈和孩子都拿着电话背对背坐下，妈妈模拟“叮叮叮，咚咚咚”电话铃声，然后孩子接起“电话”进行通话。

4.在电话中妈妈和孩子聊几句后，妈妈开始引导孩子对自己看到的物品进行描述，如，“你坐在什么上面”“它是什么样子的”“它是什么颜色的”等。

5.孩子学着妈妈的样子让妈妈描述一件物品，然后妈妈再让孩子描述另一样物品。

游戏延伸

◎等孩子对这个游戏的玩法熟悉之后，妈妈不再提示，只是说出物品的名字，让孩子自己对这件物品进行描述。

注意事项

◎最初问孩子的问题不要太难，最好是问孩子比较熟悉的事情。

◎如果孩子不能准确描述，妈妈可以给孩子一定的提示，但不是直接给出答案。

孩子收获

◎锻炼孩子的语言描述能力和逻辑思维能力。

Chapter 8

培养观察力的游戏

良好的观察力，可以使人变得更加睿智、严谨，发现许多人所不能发现的东西。人的观察力并非与生俱来，而是在学习中培养，在实践中锻炼起来的。家长要用科学的方法培养孩子从小养成认真观察的习惯、兴趣和能力。

游戏1 找不同

听故事，玩游戏

6岁的超超一直对画画非常感兴趣，且喜欢在画上添加一些自己的“构思”。一天，超超正在看图片，妈妈从外面回来，手里拿着两本游戏画册。

妈妈对超超说：“妈妈知道你对图画感兴趣，所以特意给你买了两本游戏画册，你看喜不喜欢？”超超接过画册说：“好啊，我看看有没有什么好玩的游戏。”

这时，爸爸从卧室走出来，从超超手里拿过其中一本游戏画册，边翻看边说：“这里有一套找不同的游戏，就是找出非常相似的两幅图的不同之处。要不然咱们赛一赛，看谁找得多，你说好不好啊？”超超说道：“太好了，我也喜欢这个游戏，咱们赶快开始吧！”于是父子两人拿着两本画册，一张一张地竞赛起来，看得都非常认真。爸爸很快就找出了一张游戏画册上的不同。然后对超超说：“你找到几处不同啊？”超超叹气道：“怎么就找到2处呢，上面说有5处呢。”爸爸说：“别着急，我来告诉你找不同的方法。你可以由上到下，然后从左到右寻找。必须要认真，不要跳过去。”超超说：“我明白了，我再找找吧。”终于，所有的不同都被超超找到了。

于是，从第二张图开始，爸爸和超超正式展开了比赛，一家人在一起玩得非常开心。

游戏准备

◎多幅有5处（至少3处）不同、其他地方都相同的画。

游戏步骤

1.妈妈给孩子讲一讲“找不同”是一个怎样的游戏，引起孩子兴趣。

2.妈妈拿出准备好的爸爸和孩子之前都没有见过的两幅画，告诉爸爸和孩子要在2分钟内尽可能多地找到这两幅画上的不同之处，并把找到的不同之处用笔写在纸上。

3.时间到了之后，妈妈、爸爸和孩子一起来看答案，每找对一处“不同”得1分，得分多的人获胜。

4.由爸爸、妈妈和孩子一起把这两幅图从上向下、从左到右的一起仔细观察分析一遍，看看有没有遗漏的“不同”，在这个过程中爸爸妈妈要有意识地引导孩子学会正确的观察方法。

5.妈妈拿出另外的一幅画，同样是2分钟，爸爸和孩子第二次进行比赛，看谁能够找到更多的不同。

6.三局两胜，得到两次或者三次胜利的人获胜。

游戏延伸

◎孩子对游戏的玩法熟悉之后，妈妈可以拿出更复杂、不同之处更隐蔽的画来给爸爸和孩子做游戏。

注意事项

◎第一局比赛，爸爸一定要尽全力去赢得比赛，让孩子知道自己的不足之处，耐心地听爸爸妈妈的分析。

孩子收获

◎孩子的观察力得到锻炼。

◎孩子的逻辑思维能力得到提升。

游戏2 画图形

听故事，玩游戏

丢丢是个很活泼的小家伙，总是喜欢用笔在白纸上画一些自己喜欢的图形，但都是自己想象中的样子，非常可爱而幼稚。妈妈希望孩子认识更多的图形，提高绘画能力。

于是，妈妈便对丢丢说：“既然你这么喜欢画画，那我们做一个绘画的游戏好不好？”丢丢说：“好呀，什么样的游戏呢？”

妈妈拿出一张白纸和一支笔，在白纸中央画了一个圆圈，并在圆圈的周围又均匀地画了8个同样大小的圆圈。然后说：“现在我们就要进行下一步了。”

妈妈用笔把8个圆圈连起来形成一个新的圆，妈妈说道：“你看，这样就画了一个大圆形。”丢丢高兴地说：“我非常喜欢这个图形，太好玩了。”丢丢模仿着妈妈的动作画起来。丢丢画完后，妈妈说：“看好了，妈妈这么画的话，会出现新的图形。”说完妈妈用笔每隔一个圆圈连一个圆圈，这样就组成了一个正方形。然后丢丢模仿妈妈的动作，画了正方形。丢丢在学习妈妈画一个等腰梯形的时候画得不正确，妈妈说：“仔细看，我们再画一遍这个图形。”丢丢和妈妈玩得非常开心，丢丢对绘画也更有兴趣了。

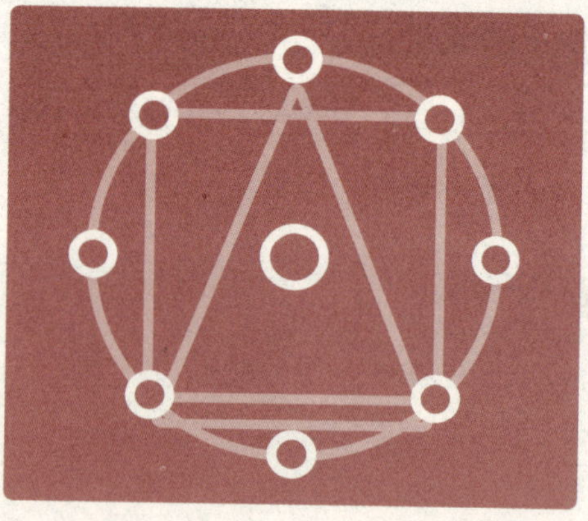

游戏准备

◎一张白纸、一支笔。

◎桌子。

游戏步骤

1.教孩子认一认各种图形，如圆形、长方形、正方形、三角形、六角形等。

2.考考孩子对图形的观察和记忆能力。

3.妈妈在白纸中央画一个直径1厘米左右的小圆圈，其他8个同样的小圆圈均匀分布在以第一个圆圈为圆心、直径为10厘米的圆上。

4.妈妈用笔把8个圆圈连起来，由孩子模仿。妈妈先重复第一个动作，然后用手每隔一个圆圈连一个圆圈，形成正方形，孩子模仿第一个动作后再模仿第二个动作。然后妈妈重复第一个、第二个动作，然后连接3个圆圈形成三角形，孩子依次模仿第一、第二、第三个动作。

5.开始第二轮游戏，看看孩子能不能模仿更多的动作。

游戏延伸

◎孩子熟悉之后，妈妈可以加快动作，加大游戏难度。

注意事项

◎刚开始尽量让孩子模仿有规律的图形，便于孩子记忆。

◎连接出来的图形顺序不定，妈妈可以自行安排，但是第二次一定要重复第一次图形。

孩子收获

◎锻炼孩子的观察力和记忆力。

◎锻炼孩子逻辑思维能力。

游戏3 谁的家

听故事，玩游戏

一天，强强在家看《动物世界》，当时正在播放的是一群马从河边经过，留下了一个个的脚印。这个时候他突发奇想，回到了自己的房间，将痱子粉抹在自己脚上，在屋子里走来走去，看着在地上留下的这些脚印，强强“咯咯”地笑了起来。这个声音被妈妈听到了，便对强强说：“宝贝，你笑什么呢？”强强说：“妈妈，你快过来看啊！”

妈妈好奇地进了强强的屋子里，看到满地的“小脚丫”，也笑了起来，并说道：“强强，你这是做什么呢？”强强说：“你看这些脚印多有意思啊，太好玩了。”

妈妈此时想起了自己小时候学过的儿歌：小鸡的脚印像竹叶、小狗的脚印像梅花、小鸭的脚印像枫叶、小马的脚印像月牙……便对强强说：“既然你觉得这样好玩，你想不想认识一些小动物的脚印呢？比如说小猫、小狗、小马的脚印。”强强说：“老师教过我们认识很多小动物的脚印，我最喜欢的脚印是小熊的，和我的脚印特别像。”“那好，我现在做一些小房子，并且将这些小动物的脚印放在门口，你猜猜是哪些小动物的家好吗？”强强说：“太好了。”于是母子俩开始制作“小房子”，并且画了一些动物脚印。妈妈指着像枫叶的脚印问道：“你认得这是谁的家吗？”强强回答：“这是小鸭子的。”“你真棒！”妈妈说道。

小朋友，你认识哪些动物的脚印呢？一起来学学吧！

游戏准备

◎各种动物脚印和小房子的剪纸。

◎桌子、胶棒、白纸。

游戏步骤

1.妈妈给孩子讲一讲各种小动物脚印的形状，如：小鸡的脚印像竹叶、小狗的脚印像梅花、小鸭的脚印像枫叶、小马的脚印像月牙、小松鼠的脚印像两片分开的叶子、大象的脚印像圆洞、狗熊的脚印最像人的脚印等。

2.孩子能够熟练地说出各种小动物的脚印形状后，就可以开始做游戏了。

3.拿出小房子和“脚印”，把小房子放到桌子上，然后在每一座小房子前面放上一种小动物的“脚印”，让孩子来猜一猜，这座房子是哪个小动物的房子。

4.猜对之后，妈妈和孩子一起把房子和脚印贴到白纸上，让孩子写上“××的家”，不会写妈妈可以帮忙。

游戏延伸

◎让孩子自己去观察动物的脚印，然后把观察到的结果用剪纸记录下来。

注意事项

◎刚开始给孩子讲解时描述得要尽可能详细，让孩子明白到底是什么形状，但是不能直接给孩子看剪好的剪纸。

◎贴完剪纸之后要洗手，注意个人卫生。

孩子收获

◎锻炼孩子的观察力和想象力。

◎锻炼孩子的动手能力。

游戏4 拼拼图

听故事，玩游戏

5岁的小伟最近喜欢上了拼图，有的时候为了拼好一套完整的图片，连最喜欢的动画片都不看了。小伟拼图并没有其他人的指导，所以非常随意，拼完一张经常需要很长的时间，但一直乐此不疲。

一天，妈妈准备了很多好吃的水果，朝着房间喊道："宝贝，出来吃水果了，有你最喜欢的香蕉哦。"小伟说："等一等，我一会儿就去，还差几张就拼完了。"妈妈又等了10分钟，小伟仍旧没有出来吃水果，妈妈便到房间去看看小伟在做什么。只见小伟蹲在地上挠着自己的小脑袋，看着手中的几张卡片不知道要放在什么地方。

妈妈看了看说："你看，放在这里行不行呢？"说着并用手指着空缺的位置。小伟一看说道："是啊，我怎么没有想到。"妈妈对孩子说道："拼图也是有技巧的，要找规律，这样的话可以节省很多时间，等一会儿吃完水果，妈妈告诉你拼图方法好不好？"小伟说："好啊。"吃完水果，母子二人蹲在卧室，开始了拼图游戏。妈妈指着一些卡片说："你看，这些图片的颜色都是一样的，所以应该可以组成一个图形，最好是尝试把它们组成一个图形，然后再组成整体的，这样就简单很多了。你用这种方法拼一次试试看。"小伟按照妈妈的方法拼图，一会儿就拼完了。

"拼拼图"是孩子最常玩的游戏之一，可以培养孩子的观察力和逻辑思维。但是很多孩子拼拼图是没有方法的，家长可以启发孩子寻找一些方法和技巧，下面我们一起来玩吧。

游戏准备

◎拼图、桌子。

游戏步骤

1.妈妈和孩子一起来玩拼图游戏，在没有妈妈的指导下看一看孩子需要多久才能完成拼图（孩子在拼拼图的时候一般比较随意，抓到哪块拼哪块）。

2.妈妈告诉孩子“有更快拼出拼图的方法”，问问孩子“想不想学”，然后用最快的速度拼好拼图，证明给孩子看。

3.开始引导孩子去发现如何更好地拼拼图（仔细观察拼图，就会发现拼图中一些明显的特征，如字、颜色等，可以提示孩子这些拼图块的大致位置等）。

4.让孩子仔细观察拼图，找出有特色的部分，再去找相对的拼图块。

5.让孩子用新的方法试一试能不能更好更快地拼好拼图。

游戏延伸

◎孩子掌握拼图技巧之后，妈妈和孩子就可以进行比赛了，看看谁拼得又快又好。

注意事项

◎引导孩子时尽量让孩子自己观察，自己发现规律，妈妈要让孩子慢慢了解观察的正确方法。

孩子收获

◎锻炼孩子的观察力和分辨能力。

◎提高孩子的逻辑思维能力。

游戏5 走迷宫

听故事，玩游戏

东东一直都非常喜欢玩一些开动脑筋的游戏，家里的玩具玩腻了，就与小朋友交换玩具玩。前几天，他就用一辆小汽车与小朋友交换了一套迷宫图，并且约定一个星期后归还，可这个迷宫游戏好难呀，东东怎么走都走不出来，再过两天就必须还给小朋友了，所以东东很是着急。

妈妈看到东东玩游戏着急的样子，便问道："怎么了？看你急的。"东东说："妈妈，再过两天我就要把迷宫图还给小朋友了，我还没有从'迷宫'里走出来呢。"妈妈安慰说："东东，不要着急，我们再想想办法，换一个角度来思考。"

妈妈看了看说："我们可以用笔做标记，仔细看一看迷宫的入口和出口的方向，就能大致知道基本的路径了。"妈妈让东东拿着笔并指导他将走得通与走不通的路口做标记，东东仔细地观察，认真地用铅笔在迷宫上做标记。终于，利用这个方法成功地发现了一条通道。妈妈接着说："我们再尝试找其他的路线，好不好？"东东说："好啊，我们再走一遍迷宫。"妈妈接过笔说："东东，我们可以再从出口往入口走一遍，你说好不好？"东东说："是啊，这样玩就更有意思了。"东东对于游戏的兴趣更大了，找到了很多有意思的路径，而且也变得更加有耐心了。

小朋友，要想从迷宫中走出来，坚持不懈的尝试还是不够的，在"走"的过程中还要认真地观察，善于用笔做标记哦。

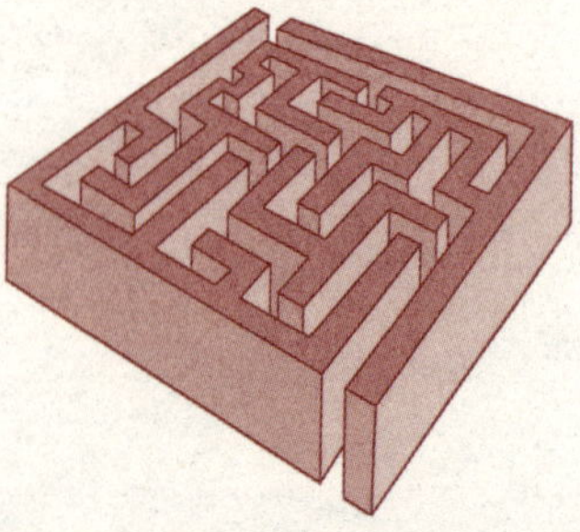

游戏准备

◎迷宫图若干幅、铅笔、桌子。

游戏步骤

1.拿出一幅迷宫图，看看孩子是如何走迷宫的。

2.等孩子走不出迷宫后，妈妈和孩子一起来走迷宫。

3.先让孩子仔细看一看迷宫的入口和出口的方向，初步定下迷宫的基本走向。

4.引导孩子在观察迷宫的过程中找到一条或几条看似不错的路线，这些路线中有从出口到入口的，也有从入口到出口的。

5让孩子拿起铅笔，在迷宫上轻轻地画一画，试一试哪条路是能够走通的，哪条路在哪里断掉了。

6.总结得到的答案，妈妈和孩子一起找出迷宫的路线图。

游戏延伸

◎鼓励孩子去尝试更加复杂的迷宫，孩子基本掌握了在纸上“走迷宫”的方法技巧后，带着孩子去走真正的迷宫，让孩子自己去试一试能不能走出来。

注意事项

◎引导孩子懂得仔细观察的重要性和正确方法。

◎走迷宫的过程中不要心急。

孩子收获

◎锻炼孩子的观察力和分辨能力。

◎提高孩子注意力，增强孩子做事时的耐心程度。

游戏6 看“图”说话

听故事，玩游戏

4岁的小柔是一个故事迷，喜欢听妈妈讲故事，妈妈为了给柔柔讲更多好玩的故事，还买了大量的图画故事书。这一天，小柔又让妈妈给自己讲《白雪公主与七个小矮人》的故事，可这次与以往不同的是，妈妈讲着讲着，小柔接起了妈妈的话，自己将故事讲了下去。妈妈好奇地问：“你认得这上面的字啊？”

小柔回答道：“不认识啊，书上有图画呀，我是可以看懂的。”妈妈说：“既然你能看懂这些图画，你给我讲一个故事吧！”小柔说：“那我给你讲一个《小蝌蚪找妈妈》吧，从前，有一群小蝌蚪……”妈妈听孩子讲得很是精彩，便对小柔说：“宝贝讲得真好，等到爸爸下班回来再给爸爸讲一遍吧。”

晚上，妈妈将小柔和爸爸叫到了一起，并且拿出了故事书，让小柔为大家讲故事。小柔就把给妈妈讲的故事又给爸爸讲了一遍，爸爸夸赞道：“小柔讲得真精彩，爸爸都听得入迷了。”

又过了两天，妈妈给小柔买了新的故事书，并没有给小柔讲，而是让小柔通过观察图画来编故事。

“看图说话”，不仅能锻炼观察力和想象力，同时对语言运用能力也有帮助，小朋友要好好玩哟。

游戏准备

◎图画书。

游戏步骤

1.妈妈和孩子一起来看图画书。

2.打开一本图画书，妈妈给孩子讲一讲里面的故事，在讲故事的过程中，指出这么讲的原因，让孩子更好地理解这些图画，然后让孩子复述这个故事讲给爸爸听。

3.孩子能够很好地重复妈妈讲的故事后，给孩子一本同一类型的图画书，然后让孩子来继续讲这些故事给爸爸、妈妈听。

4.给孩子一本全新的不同类型的图画书，没有任何提示，让孩子自己来讲一讲这个故事。

5.孩子能够熟练地讲故事后，让孩子自己想想，能不能自己独立地编故事。

游戏延伸

◎可以邀请其他的小朋友一起开一个故事会，让孩子给自己的小朋友们讲一讲看到的故事，甚至是自己编的故事。

注意事项

◎刚开始时妈妈要有耐心。

◎孩子讲故事时爸爸或者妈妈不要打岔或者补充，让孩子用自己的语言把故事从头到尾讲下来。

孩子收获

◎锻炼孩子的观察力和语言表达能力。

◎锻炼孩子的想象力。

游戏7 看指示“寻宝”

听故事，玩游戏

5岁的明明非常喜欢看有关探险的动画片，喜欢和爸爸一起玩探险寻宝的游戏。周末，明明又缠着爸爸一起玩寻宝游戏。爸爸说：“只一种玩法不新鲜了，咱们加一些新的花样好不好？”明明问：“加一些东西会更好玩吗？”爸爸说：“对呀，这样更有利于我们开展游戏。”明明说：“那好啊，我们赶紧游戏吧，我都等不及了。”

爸爸说道：“让妈妈将‘宝物’藏起来，我会在路上贴上带有‘→’的指示标志，爸爸会当最后一个路标，我给你出谜语，你猜对了我就给你指出方向。”

游戏开始了，明明顺着箭头的指示开始寻找宝物。刚开始非常顺利，指示箭头很容易看到，但是走到房间走廊的时候，指示箭头不见了，站在那里的是爸爸。爸爸说：“请回答问题，回答正确指明道路，回答错误请原路返回。”明明说：“你出题吧！”爸爸说：“什么牛没有脚？”阿明想了想说道：“蜗牛没有脚。”爸爸说：“恭喜你，回答正确，请往沙发方向走。”在“箭头”爸爸的指引下，明明终于找到了“宝物”——自己最喜欢的变形金刚。明明对爸爸说道：“这次我做一个宝物守护者，让妈妈来寻宝，我给妈妈出题，可不可以？”爸爸说：“当然没问题，我们藏宝物，让妈妈寻找也一定很有意思。”明明对妈妈说：“妈妈，你同意吗？我想做看守宝物的人，我要保护好宝物。”妈妈说：“那好呀，我也要寻宝了。”就这样一家人继续寻宝游戏。

下面我们也一起来玩探宝的游戏吧。

游戏准备

◎带有“→”的指示标志贴纸，或者用水彩笔在白纸上绘出指示标志。

游戏步骤

1.让孩子学习认识指示标志等相关知识，培养孩子的观察力。

2.妈妈把孩子的玩具放在一个比较隐蔽的地方，在通往玩具的路上贴上带有“→”的指示标志。

3.让孩子根据指示标志来寻找玩具。

4.妈妈可以用家里的废旧纸箱做一些“通道”或障碍物，来增加寻找“宝物”的难度，让孩子有一种探索的感觉。

5.当孩子找到“宝物”后，还可以让孩子来摆放指示标志，并藏玩具，妈妈来“寻宝”。

游戏延伸

◎可以让爸爸设立小关卡，孩子通过时需要说出“密语”才可以通过，或者让孩子猜谜语、答题，来增加游戏的趣味性。

注意事项

◎注意安全，所有的“关卡”不能有安全隐患。

◎刚开始玩这个游戏时，难度不宜太大，要循序渐进地增加游戏的难度。

孩子收获

◎认识指示标志，培养了观察力。

◎运动能力和语言表达能力得到锻炼。

游戏8 配对对

听故事，玩游戏

美美是一个非常喜欢动脑筋的女孩子，喜欢从报纸上剪下自己喜欢的图形作为自己的收藏品。有一天妈妈特意拿了一些创意拼图给美美，这些创意拼图形象有很多，包括一些动物和花草。

美美问：“这些图片好像只有一半啊？”妈妈说：“对呀，它们需要你的帮助，你是否从中帮助它们找到另外一半呢？”美美回答说：“我肯定能做到。”于是美美开始动手拼这些画。妈妈说：“咱们进行比赛，每人随机抽取一张图形，看谁最先找到另外一半。”美美说：“好呀，那更有趣了！”于是妈妈和美美开始积极主动地挑选另外一半图形。美美看着妈妈耐心地寻找，自己也学着妈妈的样子开始寻找。妈妈很快就将苹果的另一半找到了，并且对美美说：“先将颜色区别分类一下，这样就容易多了。”美美说道：“明白了。”不一会儿，美美就找到了另一半小兔子。妈妈说：“多么可爱的小白兔啊。”美美说：“我还要拼出更多有意思的动物。”

在孩子的世界里没什么事情不可能，他们总喜欢把现有的东西进行重新排列组合，进行创新，这个游戏就可以培养孩子仔细观察的好习惯！

游戏准备

◎剪刀、胶水、有动物或植物图案的图片。

◎水彩笔或纸片。

游戏步骤

1.帮助孩子认识这些动物或植物的图片，并让孩子仔细观察它们的特点。

2.用剪刀沿着动物和植物的轮廓剪开，把这些动物或植物图片剪下来。

3.把所有的动物或植物图片剪成两部分，并把这图片混合在一起。

4.让孩子从这些图片中任意抽取一张，并从混合的图片中找到它的另一半进行配对。

5.孩子熟悉了这个游戏后，还可以重新排列组合，搭配出新奇的动物或植物来。

游戏延伸

◎让孩子用水彩笔在白纸板上画出植物或动物的图案，用剪刀把它们剪成四部分，随意抽取其中一部分后再找到其他的三部分，拼接成一个整体。

注意事项

◎安全问题：孩子使用剪刀时避免扎伤手指。

孩子收获

◎提高了孩子的认知能力，通过组接配对，锻炼了分类能力和思维能力。

◎观察能力和创造能力得到锻炼。

游戏9 袜子对对子

听故事，玩游戏

满满5岁了，喜欢把不同种类的物品放在一起，有的时候还会穿上爸爸的袜子，在屋子里到处跑。只是满满有的时候会将袜子的颜色搭配错，看上去让人感觉有点儿哭笑不得。

这一天，满满又穿上了爸爸的袜子在客厅跑，被爸爸一把抱在了怀里。满满傻笑着说："爸爸，怎么了？"爸爸笑着说："你看看，穿着我的袜子乱跑，而且还不是一双。"满满说："爸爸，为什么要配成一双袜子，这样穿不也很好看吗？"爸爸笑道："袜子都是一双双的，虽然不区分左右脚，但是也要穿一双才会显得好看呀。还有我们穿的鞋子，也要左右对称才行啊。这样搭配才符合我们穿衣服的准则。"满满说："原来是这样啊，我知道了。"爸爸说："嗯，那要不这样，现在我们做一个给袜子配对的游戏好不好？你把相同的两只袜子放在一起，这样就组成一双。"

满满立刻来了精神，拍着手说："好呀好呀！"于是妈妈就将家人的袜子全都拿了出来，混在了一起。满满非常认真地寻找起来，帮助袜子寻找另外一个"伙伴"。

对于孩子来说，玩具没有贵贱之分，只要是他们感兴趣的事情，生活中的任何事物都可能成为他们游戏的主角。

游戏准备

◎孩子穿过的袜子若干只。

◎让孩子观察一双袜子的特点：颜色、图案等方面。

游戏步骤

1.妈妈把孩子穿过的袜子找出来，并且把每双分开混在一起。

2.让孩子随意拿出一只，并从袜子堆中找到另外的一只配对。

3.直到孩子把所有的袜子都配上了对，游戏才结束。

4.孩子把全部的袜子找出来并配好对后，要引导孩子把袜子叠整齐放在衣柜，培养孩子好的生活习惯。

游戏延伸

◎让孩子整理自己的书桌，并学习对物品进行归类：笔类、书本类、玩具类等，其中每一项还可以细分，比如笔类可以分为水彩笔、蜡笔等。

◎玩具类可以分为毛绒类、电动类等，让所有的物品都在自己的“小家”。

注意事项

◎袜子要清洗过，不要让孩子玩脏袜子。

◎家长可以做必要的提示，但如果是孩子力所能及的事情，家长要放手让孩子自己完成。

孩子收获

◎观察能力得到了锻炼。

◎分类能力得到了锻炼。

游戏10 风景图

听故事，玩游戏

6岁的图图拿着爸爸喜欢的风景照片，站在那儿出神地看着。这时，爸爸看了看专注的图图，问道："图图，你看到了什么？"图图说："爸爸，这张照片的山上都是石头，只有几棵树，而那张照片山上却有好多树。"爸爸笑着摸了摸图图的头，突然灵机一动，说道："爸爸找一些图，你来说图片上的东西，爸爸从这些图片中找出来好不好？""好啊，好啊！"图图拍手叫道。爸爸继续说："咱们请爷爷、奶奶和妈妈一起来比赛，让奶奶来做裁判，剩下的人用石头、剪子、布，猜拳的方法分组，好不好？"图图开心地点了点头。猜拳过后，正好是图图和爸爸一组，妈妈说："图图，你讲看到的风景，让爸爸找图片，爸爸找到图片喊停，奶奶计时，然后看看爸爸选的是不是图图说的图片。"

游戏开始了，图图认真地观察完图片后背过身去，开始用语言描述着看到的内容，这时爸爸从图片堆里开始寻找图图描绘的图片，突然大声喊道："停，我找到了，看看是不是这张？"奶奶看了看时间，拿着爸爸手里的照片看了看，的确是图图描述的图片，这时妈妈说："嗯，一会儿看妈妈和爷爷这组的速度，没准我们比图图快哦。"听妈妈这么一说，图图接下来观察得更仔细了，先把最明显的地方说出来，爸爸也很快地找出了图片，一家人愉快地在一起游戏，笑声不断。

观察是人的一种能力，但只有观察是不够的，我们还要能够准确地描述出来。

游戏准备

◎10幅以上类似但不是同一个地方的风景图。

游戏步骤

1.全家一起看风景图，并让孩子描述这些风景图。

2.等孩子能够说清楚风景图上的风景主要特征后，爸爸、妈妈、爷爷、奶奶和孩子一起来比赛，看看谁能说得更准确，并让人更明白。

3.奶奶当裁判，其他人通过“石头、剪刀、布”分为两组。

4.同一组的人背对背坐着，一个人用自己的话描述看到的风景图，之后，另一个人根据描述从风景中找出这张图。

5.然后是另一组一人描述，一人猜。猜对了，得1分。最后得分多的一方获胜。

游戏延伸

◎孩子熟悉之后可以提高游戏难度，如必须在规定的时间内得到答案，时间到了之后没有得到答案就算失败。

注意事项

◎一起看风景图是教给孩子比较科学的观察和描述方法。

孩子收获

◎锻炼孩子的观察力和语言表达能力。

◎让孩子明白单方面的观察是不够的。

游戏11 五彩帽子

听故事，玩游戏

手工课上，豆豆学了用彩纸折帽子。回家后，豆豆天天在家里练习，没几天工夫，家里到处都摆放着豆豆折的彩色小帽子。

这天，妈妈下班后看到一屋子的彩纸帽子，突然来了灵感。对豆豆说："豆豆，我们来做个帽子的游戏吧。"

"好呀，咱们家帽子有的是，如果不够，我再折几个。"豆豆兴奋地说。

"不用了，这些足够了。快，把爸爸也叫来，我们一起来玩。"妈妈对豆豆说。

妈妈先拿了一个红色的小帽子戴在了头上，对大家说："你们也挑选一个自己喜欢的帽子吧。"豆豆紧接着挑了一个黄色的小帽子，爸爸挑了一个蓝色的小帽子。

妈妈看大家都挑好了帽子，接着说："你们先看看咱们都戴了些什么颜色的帽子，豆豆你先说。""妈妈的是红色的帽子，我的是黄色的帽子，爸爸的是蓝色的帽子。"豆豆一边看一边认真地说。"好的，大家要记住自己帽子的颜色和别人帽子的颜色，现在闭上眼睛，我要换帽子了。"豆豆和爸爸都闭上了眼睛，妈妈迅速把帽子进行了调换。"好，睁开眼睛吧，不许看自己头上帽子的颜色，看看其他人的，然后来说出自己帽子的颜色。"

豆豆看了看爸爸现在头上戴着黄色的帽子，妈妈戴着蓝色的帽子，想了想说："我的帽子是红色的。"说完拿下来一看，果真是红色的，高兴地笑了起来。

下面我们也来玩这个游戏吧。

游戏准备

◎红帽子、黄帽子、蓝帽子等。

游戏步骤

1. 每个人拿一种颜色的帽子，并戴在头上，让大家看一下。

2. 所有人都戴好帽子，不仅要记住自己帽子的颜色，还要记住其他人戴的帽子都是什么颜色的，之后闭上眼睛。

3. 由裁判来调换大家头上的帽子。

4. 所有人都睁开眼睛，通过观察其他人头上帽子的颜色，来判断自己头上帽子的颜色。判断错误的人给大家表演节目。

5. 回答正确的人可以轮流来做裁判。

游戏延伸

◎通过观察来对事物进行判断，培养孩子善于观察、推理的习惯。

注意事项

◎各种颜色帽子的数量，可根据孩子年龄以及对颜色的认识等具体情况增减。

孩子收获

◎孩子的观察力和判断力得到了培养。

◎复习已经认识的颜色。

Chapter 9

培养绘画与音乐能力的游戏

绘画游戏不仅可以培养孩子对美的感受力，提高审美能力，还可以锻炼孩子小手的灵活性和协调性，开发大脑右半球的功能，对开发孩子智力非常有益。

音乐游戏是把有趣的游戏情节和音乐节拍进行结合，用动作表现音乐，同时可以更好地让孩子理解音乐，培养孩子的音乐感受力，并发展动作。

游戏1 漂亮的树叶贴画

听故事，玩游戏

叶子是一个5岁的小姑娘，人如其名，非常喜欢各种树叶。这天，叶子又和妈妈一起到公园玩，并且收集树上落下的树叶。叶子举着手里一枚树叶对妈妈说："妈妈你看，这片树叶多像一只小船啊，你说呢？"妈妈接过孩子手里的树叶说道："是啊，确实很像，你的想象力也很丰富。"叶子说："妈妈，什么叫想象力啊？"妈妈说："简单点儿说呢，就是你能将这叶子想象成什么就是想象力。你明白吗？"

叶子点着头说道："哦，知道了，就是我看它像什么。"妈妈说："我们找一些形状好的树叶，这样我们就能拼凑出更多有趣的东西了。"叶子说："对呀，我能拼出很多有趣的动物呢。"于是叶子和妈妈开始收集更多的落叶。

妈妈又说："现在咱们各自开动想象力，拼出好看的图形，看看谁拼得最像，好不好呀？"

叶子说："那没问题啊。"就这样，母女两人进行了艺术品的创作。不一会儿，叶子就拼出了一只大蝴蝶，非常漂亮。妈妈拼出一只蜻蜓，也很生动。妈妈说："还是你的比较好。"叶子说："我也觉得很好看，怎么保存它们啊？"妈妈说："我们用胶水将它们粘在书页上吧。"叶子高兴地说："太好了。"

游戏准备

◎采集来的各种形状的树叶。

◎胶棒、白纸。

游戏步骤

1.拿出采集来的树叶，妈妈和孩子一起来观察这些树叶，让孩子来说一说这些叶子都像什么。

2.孩子有兴趣后，妈妈和孩子各自想一个物品，如小飞机等，然后按照自己的想法，用这些树叶来进行拼接。

3.妈妈和孩子都拼好自己的作品后，看一看谁拼得更像。妈妈和孩子一起讨论哪里拼得像、哪里还有些不像、怎样拼会更像等问题，然后对不满意的地方再重新拼接。

4.孩子或者妈妈对自己的作品满意的话，可以一起用胶棒把树叶按照自己拼凑的方式粘贴到白纸上作为装饰品摆放到屋子里或者保存下来。

游戏延伸

◎孩子能够很好地掌握拼凑技巧后，妈妈和孩子互换想法来拼，由孩子来拼凑妈妈想出的作品，妈妈拼凑孩子想出的作品，看谁拼得又像又快。

注意事项

◎讨论作品时，妈妈要把孩子放到和自己同等的地位上，而不是妈妈说像就像，说不像就不像。

孩子收获

◎培养孩子的创造力和想象力。

◎有助于提高孩子的动手能力和审美能力。

游戏2 手影魔术

听故事，玩游戏

晚饭后，4岁的嘟嘟缠着妈妈讲故事，可妈妈却说今天要变魔术，嘟嘟一听说要变魔术，兴奋得眼睛直冒光。

妈妈让嘟嘟把客厅最大最亮的灯关掉，只保留了走廊的小夜灯，房间顿时暗了下来，这更激发了嘟嘟的好奇心，也增加了魔术的神秘感，心想妈妈这到底是要做什么呢。之后，妈妈从抽屉里找出手电筒，告诉嘟嘟手电筒的使用方法并让嘟嘟按动开关按钮，手电筒即刻发出了一束白色的光，把地板照得亮亮的，嘟嘟兴奋地用手电筒“扫射”着整个客厅。

这时，妈妈把嘟嘟的玩具小鸭子放在手电筒的光束里，地板上立刻显示了小鸭子的影子，接着小狗、小熊、茶杯等家里能拿得动的物品一个个都轮番登场了。不光妈妈，嘟嘟还要求妈妈拿着手电筒，他来做影子。

正当嘟嘟玩得高兴的时候，妈妈说：“现在，我要变魔术了！看好了，我什么也不拿，地上也能出现小动物的影子，我先变出一只小狗。”说完，地上果然出现了一只小狗的影子。“下面我要变出一只小兔子。”地上果然又出现了小兔子。嘟嘟好奇地睁大了眼睛，跑过去拨拉妈妈的手，的确妈妈手上什么也没有。嘟嘟大声问道：“怎么变的？怎么变的？”妈妈说：“这个魔术叫手影魔术，是用手指做成各种小动物的样子，通过光的照射呈现出影子来的。”

嘟嘟这才明白过了，认真地跟妈妈学着做手影。在妈妈的指导下，嘟嘟还发明了很多新的手影，并且还把自己喜欢的手影画了出来。下面就讲讲这个游戏具体的玩法。

游戏准备

◎手电筒或台灯。

◎水彩笔和图画纸（白纸）。

游戏步骤

1.准备好手电筒、水彩笔和图画纸。

2.如果在白天把房间的窗帘拉上，让整个房间暗下来。

3.爸爸打开手电筒，妈妈把手伸到手电筒下面，通过光的照射做出不同形状的影子，让宝宝观察白纸上影子的形状。

4.发挥孩子的想象力，让孩子看看图形像什么，爸爸、妈妈和孩子要分别说出自己的想法。

5.爸爸变化手电筒的位置，让孩子看看影子有什么变化。孩子也可以参与进来，和爸爸妈妈一起完成。

6.让孩子把自己最喜欢的图形在纸上画出来，并写上“影子画”，作为孩子的作品，贴在房间。

游戏延伸

◎可以用不同的材质的物品透过光，看看影子有什么变化，发挥孩子的想象力，创造出更多妙趣横生的新图形。

注意事项

◎当房间光线比较暗时，要注意孩子的安全，避免磕碰发生意外。

◎注意电源插头、开关不要让孩子接触，避免触电。

孩子收获

◎丰富词汇，锻炼语言表达能力和想象力。

◎加强观察能力和绘画能力。

◎了解影子的长短变化与光线角度的关系。

游戏3 宝宝“出书”了

听故事，玩游戏

东东很喜欢画画，手工也做得好，可是作品却没留下几个，经常是把画东扔一张、西扔一幅的，做好的手工有时候竟然从床底下找出来。妈妈说过东东好几次了，要他注意收拾好自己的东西，可东东的好习惯却一直没有养成。

眼看东东要上小学了，妈妈为了培养他整理自己物品的习惯和能力，决定让东东出一本“书”，来锻炼他的归纳整理能力，并为以后养成良好的习惯做准备。

首先，妈妈让东东把房间里自己做好的所有绘画、书法作品、手工作品等都找出来。好家伙，横七竖八地在地上散了一大片。接下来，妈妈要东东把自己的作品进行分类：绘画、粘贴画、手工作品等分别放在不同的地方。等分类工作做好了，东东在妈妈的引导下，开始构思自己的“图书”了，包括内容结构、封面设计等等，然后再装订成一本“书”。

让东东把自己的绘画作品、书法作品、手工作品等汇集在一起做成小册子，既能锻炼归纳整理能力和思维能力，更主要的是还能开发了东东的想象力。小朋友，你也赶紧来试一试吧。

游戏准备

◎本子、纸张、彩笔。

◎订书机、剪刀。

游戏步骤

1.让孩子把自己喜欢的图片搜集起来，并剪下来。

2.把剪下来的图片进行排序和归类。

3.之后把图片分别粘贴到一个新本子的不同页码上。

4.在每幅图片的旁边留出空白，可以让孩子来画画或写字均可。

5.在本子的每一页上都标上页码。

6.妈妈协助孩子做好目录，最后给“书”取个名字，这样孩子的“图书”就做好了。

游戏延伸

◎可以让孩子长大后学习搜集名篇名段，抄写在本子上作积累。

注意事项

◎装饰图书时，爸爸妈妈要充分发挥孩子的主动性和想象力，不必要有太多的条条框框，让孩子自由发挥就好了。

孩子收获

◎想象力得到开发。

◎动手能力和绘画能力得到锻炼。

游戏4 老歌新唱

听故事，玩游戏

小诺非常喜欢唱歌，妈妈经常唱好听的儿歌给小诺听，时间久了，小诺也就能哼上几句，而《世上只有妈妈好》这首歌是小诺最拿手的，能够从头唱到尾。

睡过午觉，小诺还没有起床，就唱起了《世上只有妈妈好》。妈妈一边微笑地看着小诺，一边用手为小诺打节拍。等到小诺唱完歌后，妈妈对他说："咱们把歌词改编一下好吗？"

一听说改编歌词，小诺非常开心，一下子从床上爬起来，凑到妈妈跟前："怎么改编啊？"妈妈用双手扶着小诺坐在床上，然后用《世上只有妈妈好》的曲调唱出了："我——有一只小灰——熊，圆圆——的——尾巴——像——毛——球。"

小诺觉得妈妈改编的歌词非常有意思，挠挠小脑袋想了一会儿，也用《世上只有妈妈好》的曲调唱出了一句："我——有一块——小肥——皂，四方——的——身体——香——又——香。"

妈妈听完小诺唱出的歌词非常高兴，借着小诺对编歌词的兴致，妈妈又继续编唱下去。就这样，妈妈和小诺你一句我一句地编唱了整首歌，一边唱还一边把新编的歌词记录下来。

从那天起，小诺对编歌词产生了兴趣，日常生活中的点点滴滴都被他唱进了歌曲之中。小诺还用《生日快乐》的曲调为家中的小狗乖乖编了一首歌：小狗——乖——乖——听——话，小狗——乖——乖——听——话，小狗——乖乖——听——话，小狗——乖乖——听话。

这个游戏不仅训练了小诺的听力，培养了乐感，而且还在不知不觉中学习了填词，下面我们就一起来玩吧。

游戏准备

◎准备几首孩子喜欢唱的歌曲或经典的儿歌。

游戏步骤

1.爸爸、妈妈和孩子一起唱孩子喜欢的歌曲，或者教孩子一首新的好听又好唱的儿歌。

2.等孩子对这首歌特别熟悉时，就可以做老歌新唱的游戏了。

3.爸爸妈妈把生活中的场景用歌曲唱出来，比如，“我要去刷牙了”可以用《生日快乐》的旋律唱出来“我要——去——刷——牙了”。

4.孩子也用自己喜欢的歌曲旋律来把自己做的事情唱出来。

游戏延伸

◎让孩子把自己喜欢的歌曲填上新词，在培养音乐能力的同时，还能丰富语言能力和词汇量。

注意事项

◎对孩子的改编不要过多干涉，尊重孩子的创作意图，及时鼓励孩子，培养孩子的创作灵感。

◎引导孩子用文明而通俗的语言来编词，对不文明的用语家长要及时纠正和制止。

孩子收获

◎培养对音乐的兴趣。

◎丰富词汇量。

游戏5 大家一起唱

听故事，玩游戏

周日的上午，小霞想做游戏，于是她叫来爷爷奶奶、爸爸妈妈，大家一起商量玩什么游戏。

因为小霞的爸爸会弹钢琴，所以爸爸就建议说："不如我们做个音乐游戏吧，你们围成一圈，我弹钢琴，每弹一个曲子就要有一个人到中间去跳舞，然后其他人跟着他的动作一起跳。不过不是乱跳哦，要跟着曲子的节奏来。""好啊好啊。"小霞一边拍手一边笑着说。

于是一家人站好位置，第一轮由小霞先领舞。爸爸坐到了钢琴前，想了想，弹了起来。这是一首节奏明快的曲子，小霞刚开始还能跟着曲子有模有样地做着动作，由于这是一首新曲子，小霞对曲子的节奏不熟悉，她一边听音乐一边做动作，有的动作难免就跟不上节奏了。有的动作小霞觉得跳得不够美，想多发挥一下，可就在她思考的时候，动作就跟不上了。就这样，一首曲子下来，小霞忙得手忙脚乱，完全不顾家人学不学得会。可爷爷奶奶还有妈妈看着她搞笑的样子，并没有生气，而是照样按着她的动作跳。一家人虽然跳得既不整齐也不优美，但都非常开心。

一首曲子弹完了，小霞被换了下来，这次是妈妈当领舞。爸爸又换了一首曲子，很优美，妈妈跟着曲子跳了起来，小霞看到妈妈跳得这么美，也开始跟着妈妈仔细地学。比起上一首曲子来，这一次大家跳得流畅了许多。

经过几首曲子之后，大家都轮流做了一遍领舞，玩得很开心。

游戏准备

◎熟悉的游戏曲子。

1=C $\frac{2}{4}$

5̣ 1 | 1·1 | 2 – | 5̣ 2 | 2·2 |

1 3 | 3 – | 1 3 | 3·3 | 4 6 |

6 – | 5 5 | 4 2 | 1 – | 1 – ‖

游戏步骤

1.让孩子和家人或者其他的小朋友一起来玩这个游戏，大家围坐成圆圈或其他形状，一个人弹琴或者播放节奏明快的歌曲，游戏就可以开始了。

2.由一个人站在圈的中间按照游戏曲的节奏领做任何有趣的动作，比如伸舌头、揪耳朵或其他舞蹈动作，其他人跟着一起做。

3.当一遍音乐完后，领舞的人回座位上，换另一个人来领舞，每个人都要当一次领舞，依次做完。

4.游戏要求：每个人的动作不能重复。

游戏延伸

◎孩子对游戏比较熟悉后，可以让孩子自己编曲或编舞，培养和训练孩子用音乐或舞蹈来表达心情的能力。

注意事项

◎让孩子遵守必要的游戏规则，培养孩子遵守秩序的习惯。

孩子收获

◎音乐的节奏感以及身体的协调性得到训练。

游戏6 找朋友

听故事，玩游戏

“妈妈，我们今天学习了新的歌曲，我唱给您听吧。”丽丽从幼儿园放学一回到家就迫不及待地对妈妈说。

“是吗？那给妈妈唱一唱吧。”

“找呀找呀找朋友，找到一个好朋友。敬个礼，握个手，你是我的好朋友……”丽丽唱歌的时候还拍着小手，很是可爱。

看到丽丽边唱边跳可爱的样子，妈妈说：“唱得很好听，那你知道这首歌的意思吗？”

“知道，就是好朋友要懂礼貌呀！”丽丽神气地说。

“是呀，小朋友之间要相互尊重，那我们把歌曲用动作表演一下好不好呀？”妈妈说。

“我会，我会，老师在幼儿园教我们了，要‘敬礼’和‘握手’。”丽丽说道。

“今天妈妈说一种新的玩法，听清楚了呀。”妈妈接着说，“参加游戏的人可以跟着一起唱，左手背后，右手向上招手，有节奏地齐步走。然后，妈妈用手指表示数字，伸出几个手指就表示几个数字，就是几人一组，比如，妈妈伸出两个手指，就是2个人面对面地有节奏地招手，之后2人面对面按节奏跺脚2下，拍腿2下，自己拍手2下，拍对方手2下。如果妈妈伸出3个手指，就是3个人一组，向对面的两个人有节奏地招手，再按节奏跺脚3下，拍腿3下，拍手3下，最后再拍两侧人的手3下。丽丽，你听明白了吗？”妈妈微笑着问丽丽。

“明白了，就是妈妈伸出几个手指，就几个人一组，拍几下手和腿。”丽丽信心满满地说。

“对，说得没错！但不要忘了跺几下脚哦！”妈妈提醒道。

“记住了！跺脚、拍腿、拍手。”丽丽认真地说。

“非常正确，吃过饭后，你叫上爷爷、奶奶和爸爸，我们一起来玩这个游戏，人多了才好玩呦！”妈妈说。

晚饭过后，一家人一起高高兴兴地玩起了游戏。

游戏准备

◎教孩子学会唱歌曲《找朋友》。

◎参加游戏的人最好要多于3位。

游戏步骤

1.播放歌曲《找朋友》，参加游戏的人可以跟着一起唱，左手背后，右手向上做招手状，按节奏地齐步走。

2.妈妈用手指表示数字，伸出几个数字，就是几人一组，如，妈妈伸出两个手指，就2个人面对面地有节奏地招手，当音乐停下时，2人面对面按节奏跺脚2下，拍腿2下，拍手2下，拍对方手2下。

3.如果妈妈伸出3个手指，则3个人为一组有节奏地招手，当音乐停下时，3人按节奏跺脚3下，拍腿3下，拍手3下，拍左右两侧人的手3下。

4.依此类推。

游戏延伸

把更多的歌曲进行改编，赋予故事情节，孩子可以扮演里面的主角，爸爸妈妈用摄像机拍下来，做成MV。

注意事项

◎注意安全，场地要宽阔平整。

孩子收获

◎培养孩子对音乐的节奏感和歌曲的理解力。

◎肢体动作的协调性得到锻炼。

◎丰富了语言词汇量。

游戏7 听音击鼓

听故事，玩游戏

5岁的鹏鹏在幼儿园学到了一个新游戏，他想在周末的时候教给家里其他人，大家一起来玩，因为玩这个游戏人越多越好。

周末到了，爸爸妈妈都不用上班了，而且邻居家的美美和她的爸爸妈妈也可以来一起玩游戏。鹏鹏事先让爸爸妈妈准备了一个小鼓，并且和爸爸妈妈制作了动物脸谱，有小鸡、小鸭、鹅、小狗、羊等，还有相应的头饰。

等所有人到齐了，鹏鹏就开始给大家介绍游戏规则："大家注意了，我先说一下这个游戏怎么玩，我这里有一些小动物的脸谱，大家每个人拿一个，戴在头上。"说完，大家都行动起来，妈妈拿到了小狗的脸谱和头饰，爸爸拿到了小鸭子的，还有美美和她的爸爸妈妈都分别拿到了脸谱和头饰，并戴在头上。

鹏鹏接着说："每个人先看看都有哪些小动物，要记住自己扮演的是什么小动物，然后站成一排。"鹏鹏接着说："我现在要学一种动物的叫声，你们听听是哪种动物的叫声，戴这个动物头像的人要站出来，用小棍子来敲鼓，我叫了几声，就敲几下。如果做对了，就由他来学动物的叫声，让其他人来辨认。"

除了美美之外，大家都明白了。在爸爸的帮助下，美美最终也明白了游戏的玩法。

游戏开始了！大家背对着鹏鹏站好，鹏鹏先学一个小狗"汪汪汪"叫了三声，妈妈一下子就听出来了，赶紧站了出来，拿起小棍子在小鼓上敲了三下，鹏鹏说："完全正确。"大家为妈妈鼓掌。下面由妈妈来学动物的叫声，让大家来辨认。妈妈冲大家"喵喵"叫了两声，美美在爸爸的提示下站了出来，拿起小棍子在小鼓上敲了两下了。

大家度过了一个快乐的周末！下面我们也一起来玩这个游戏吧。

游戏准备

◎小鼓1个。

◎画有鸡、鸭、鹅、狗、羊等动物头部的卡片。

◎相应的头饰。

游戏步骤

1. 参加游戏的人，每人戴着头饰，一横队站立。
2. 由一个人站在大家背后模仿各种动物的声音，叫3～6声。
3. 队列中代表相应动物的人伴随着节奏向前走，拿起相应的动物卡片。
4. 接着去击鼓，击鼓次数必须与叫声次数相同。
5. 若全对的话，众人拍手称好，逐一反复进行。

游戏延伸

◎孩子熟悉这个游戏后，可以增加难度，不仅要学某个小动物的叫声，还要唱一首和这个小动物有关的儿歌。

注意事项

◎游戏要由简到难，循序渐进，刚开始玩这个游戏时，小动物的叫声不宜太多。

孩子收获

◎孩子的试听能力和记忆能力得到锻炼。

Chapter 10

培养数字概念的游戏

3～5岁的孩子能运用各种感官探究事物之间的关系变化，并能进行分类比较，但他们的思维仍以具体形象思维为主。如果这时孩子不懂得数字计算，家长千万不要着急。

6岁左右，抽象逻辑思维发展较快，并开始理解事物发展的逻辑关系，这时可以让孩子进行10以内数字的加减运算的游戏。

游戏 1 数字大碰撞

听故事，玩游戏

5岁的壮壮最近喜欢上了扑克牌，能用扑克牌摆出各种各样的图形，但经常乱扔纸牌。这一天，壮壮又开始在客厅摆弄这些纸牌，弄得满屋子都是，有一张牌还飞到了妈妈的头上。妈妈假装生气，壮壮一看闯了祸立刻就安静了下来。

妈妈说："你到处乱丢，你知道这些东西是做什么的吗？"壮壮说："这些牌是用来做游戏的，我看到爸爸曾经这样玩过。"妈妈说："爸爸玩游戏是有规则的，你这样乱丢完全没有规则，是不对的。"壮壮回答说："我知道错了，我以后不乱丢了。告诉我有规则的玩法吧，我们一起玩好吗？"妈妈说："那好，我说一个规则，你可要认真听呀，一会儿你还要和爸爸比一比呢。"于是妈妈就开始教授孩子数字的概念，并且将爸爸叫过来一起听妈妈说规则。妈妈说："将表示1~10的10张扑克牌杂乱无章摆在桌子上，我喊数字，你们以最快的速度去找，谁先找到谁就加1分，怎么样？"壮壮和爸爸同时回答："没问题。"开始了，妈妈喊道："7。"两个人目光同时扫向了桌子，壮壮快速地拿到了那张方片七。妈妈夸赞道："不错，壮壮的反应真快，好样的。"爸爸不服气，又展开了第二局。就这样，一家三口玩得非常开心，壮壮对数字更熟悉，记得更牢了。

游戏准备

◎一副扑克牌。

◎舒适的场地。

游戏步骤

1.教孩子认识从“1”到“10”10个数字（不要求会写，能够认识就可以了）。

2.从扑克牌中抽出红心1~10，让孩子数一数扑克上红心的个数，复习1~10的数字。

3.等孩子能够很好地在10张牌中挑出任何一张扑克牌后，爸爸、妈妈和孩子一起来玩游戏。把扑克牌中的红心1~10无规则地平摊放在桌子上，妈妈做裁判，爸爸和孩子来比赛。

4.妈妈在1~10中任意说一个数字，爸爸和孩子听到数字后用自己最快的速度去找牌，先找到正确牌的人得1分。

5.把牌再放入牌堆中，听妈妈读下一个数字，再找数字，共20次，得分多的人获胜。

游戏延伸

◎把数字和日常生活结合起来，比如“1个人”“1杯水”“3块饼干”等，让孩子对数字有更深入的理解。

注意事项

◎教孩子认数字和牌时不能急躁，要一遍一遍地教，直到孩子能够熟练地认数字和牌。

◎刚开始比赛的时候爸爸要控制自己的速度，稍微让让孩子。

孩子收获

◎准确快速地认识“1~10”这10个数字。

游戏2 捡落叶

听故事，玩游戏

星期天，婷婷与妈妈一起看电视，婷婷指着电视对妈妈说：“妈妈，什么叫作落叶归根啊，这个人怎么这么激动啊？”妈妈说道：“落叶归根，就是树叶落了还要归于根部，继续为大树提供营养。也就是说，一个人老了以后最希望的是回到家乡。”婷婷说：“秋天到了，有那么多树叶，它们是不是都想回到树根啊？”妈妈说：“对啊，它们最终都希望回到母亲的怀抱当中。”婷婷说：“那我们下午去捡树叶，让它们重新回到根部好不好？”妈妈说道：“好啊。”

下午，母女两人来到了公园的树林，妈妈拿着事先准备好的标有数字的小筐对婷婷说：“这样吧，咱们玩个游戏吧，也能帮助落叶归根。”婷婷说：“好啊，什么游戏？”妈妈说：“我这里有10个标着不同数字的筐，分别是‘1’到‘10’，我们往这10个筐中放落叶，数目要与筐子上标注的一致，看谁先装完并且装的数量最正确。”婷婷说：“那咱们赶快动手吧。”游戏就这样开始了，妈妈的手还是快一些，很快地装满了5个筐子。婷婷也不甘示弱，不一会儿也装满了5个筐。妈妈说：“咱们计算一下数量吧！”数量计算完毕，妈妈和婷婷把每一个筐里的树叶数了一下，树叶的数量和筐上标的数字完全一致。妈妈说：“咱们现在将这些树叶倒到树根部位，就可以进行第二局了。”婷婷说：“好的，树叶这样就可以回家了。”婷婷和妈妈一起帮树叶回到了家。

很多孩子在数数的时候手口不一、心口不一，如手上还没有拿到那么多，可口中已经数了那么多了，或者口中说的是这个数，表现出来的是另一个数字，这个游戏可帮助孩子做到心口合一。

游戏准备

◎标上1～10的小筐。

◎有落叶的树下。

游戏步骤

1.妈妈给孩子讲一讲落叶归根滋养土地的故事，引起孩子的兴趣，建议带着孩子将落在地上且离树根较远的树叶捡起来。

2.妈妈带着10个标好序号的小筐和孩子一起来到大树下，让孩子复习小筐上的数字。

3.妈妈和孩子一起捡落叶，每个小筐中放入与小筐上的数字相同个数的落叶，看谁能够装得又快又对。

4.妈妈和孩子将小筐装上叶子后，按照先数妈妈装好的小筐再数孩子装好的小筐的顺序，一起来数一数每一个筐中有几片叶子，是否和筐上标的数字一样，如果一样得1分，不一样不得分。

5.比赛完后，将小筐中的落叶倒到树根处，重新开始游戏，直到所有的落叶都捡完，得分多的人获胜。

游戏延伸

◎孩子熟悉这个游戏之后，可以请更多的小朋友一起来玩这个游戏。

注意事项

◎注意卫生，游戏结束后带着孩子一起去洗手。

孩子收获

◎增强孩子数数的能力。

◎培养孩子爱劳动的好习惯。

游戏3 单双跳

听故事，玩游戏

6岁的珍珍是一个活泼好动的小女孩，总喜欢蹦蹦跳跳。有一天，妈妈陪着珍珍在公园散步，珍珍蹦蹦跳跳地往前走。妈妈说："你会不会两只脚一起跳？"珍珍笑着说："会呀，不过我觉得这样比较有意思。"妈妈说："那我告诉你一个新的跑跑跳跳的方法，也很好玩，想不想学？"珍珍笑着说："想学呀，怎么玩呢？"妈妈说："现在我要说一下游戏的规则，一只脚是单数，两只脚是双数。"

珍珍说："这个游戏就是左右脚跳吗？"妈妈回答说："当然不是，我会在地上画上不同的格子，格子中写着不同的数字，你跳到格子中，我说'单数'，你就单腿跳到单数的格子中，说'双数'时，你就双腿跳到双数的格子之中，你觉得可不可以？"珍珍好像不太明白的样子。于是，妈妈带珍珍来到一块空地里，拿出粉笔在地上画了个九宫格，每个格子里都标上数字，妈妈给珍珍重新讲了一遍游戏的玩法，并示范给珍珍看。这下，珍珍终于明白了，对妈妈说："那开始吧，我想我能做到。"游戏开始了。妈妈说单数，珍珍迅速地单腿跳到"5"的格子之中。妈妈说双数，珍珍单腿跳到"6"中。妈妈说："这样就错了。虽然你跳到双数的格子里，可应该是双腿跳啊！"珍珍"呀"了一声："我明白了。"于是又继续比赛。测试完珍珍，妈妈也上阵了，珍珍与妈妈愉快地度过了一个下午。

这个游戏虽然对于珍珍来说有点儿难，但玩几次慢慢就熟练了。

游戏准备

◎粉笔。

◎较大的场地，如操场等。

游戏步骤

1.妈妈陪孩子练习单脚跳和双脚跳，然后给孩子讲一讲什么是单数，什么是双数。

2.孩子能够熟练地记住单双数后，带着孩子一起来到操场上玩跳格子的游戏。

3.妈妈用粉笔在操场上画上九宫格，每一个格子比孩子的双脚略大，每一个格子中写一个数字（原则：单双数交错排列）。

4.首先由妈妈来读“数”，孩子来跳格子。孩子先站在任意的一个格子中，如果妈妈读“单数”，孩子就要单脚跳到一个单数的格子里，如果妈妈说“双数”孩子就要双脚跳到双数的格子里。跳对一次得1分，跳错不得分。妈妈读10次数后换孩子来读数。

5.比赛结束后，得分多的人获胜。

游戏延伸

◎孩子对游戏的玩法熟悉之后还可以增加游戏难度，妈妈不再读“单数”“双数”而是直接说数字，然后孩子来选择用单脚跳还是双脚跳，并跳到妈妈所说数字的格子里。

注意事项

◎注意游戏时间，游戏过程中适当地安排孩子休息。

◎如果孩子在短时间不能明白游戏规则，家长不要着急。对于6岁以下的孩子来说这个游戏算比较难的。

孩子收获

◎让孩子能够熟练地认识单双数。

◎增强孩子身体灵活性和反应能力。

◎复习“1~10”这10个数字。

游戏4 摸一摸、数一数

听故事，玩游戏

6岁的圆圆最近学会了数数，无论见到什么东西都会非常好奇地数一数，若是超出自己认识数字的范围，便用几个2或几个3代替。妈妈见孩子对数字这么有兴趣，就想和孩子做一个有关数字的游戏，来提高一下孩子对数字的认识。于是妈妈拿出有一排纽扣的卡片，让孩子数数纽扣的数量，当圆圆非常轻松地数出后，妈妈说："你试着心中默数一下，看看可不可以？"圆圆说："什么叫默数啊？"

妈妈说："就是闭上眼睛，用手摸纽扣，你摸到几个，就说出几。"妈妈随手拿起有一排纽扣的卡片让孩子摸摸看，孩子闭着眼睛用手摸了摸卡片上的纽扣说："这一张好像是3个扣子，就是3。"妈妈说："真不错，你默数得没错。"

为了展示自己的教学成果，妈妈将爸爸、爷爷、奶奶全都叫到一起。妈妈说："我们大家和圆圆围成一圈坐好，把10张分别有1~10个纽扣的卡片放到圈的中央，每个人从卡片中任意抽出一张，不告诉任何人自己抽到的是几，大家一起把抽中的卡片放到右手中，然后两手放在身后。爷爷宣布游戏开始，大家一起把右手中的卡片交给自己右边人的左手中，然后把左手中接到的卡片放到右手中再向右传出去，直到爷爷说'停'。每个人迅速用身后的手摸一摸手中的卡片，并且以最快的速度报出数字。正确报出数字的人得1分，你们说怎么样啊？"

圆圆说："没问题，我能摸得出来。"游戏开始了，圆圆很快将自己摸出的数字说了出来，全家一起为她鼓掌。大家兴高采烈地继续游戏。

游戏准备

◎分别有1~10个纽扣的10张卡片。

◎合适的场地。

游戏步骤

1.妈妈陪着孩子认识1~10，然后拿出有纽扣的卡片，让孩子认一认每张卡片代表的是哪个数字。

2.孩子能够准确地说出卡片代表的数字后，让孩子闭上眼睛摸一摸卡片，看看是不是还能辨认出这个卡片代表的数字。

3.孩子在大部分情况下能够准确地确定数字后，和孩子一起来玩游戏。

4.爸爸、妈妈、奶奶和孩子围成一圈坐好，把10张卡片放到圈的中央，每个人任意从卡片中抽出一张，不告诉任何人自己抽到的是几。

5.大家一起把手中的卡片放到右手中，两只手都背在背后。爷爷作为裁判宣布游戏开始，大家一起把右手中的卡片交给自己右边人的左手手中，然后把左手中接到的卡片放到右手中再向右传出去，直到爷爷说“停”。然后每个人用自己背在身后的手迅速摸一摸还在自己手中的卡片，在心里数一数卡片上的纽扣数量，并快速地报出数字。第一个正确报出数字的人得2分，第二个人得1分，其余人不得分。

6.将卡片重新放入卡片堆中，开始新一轮游戏，得分最多的人获胜。

游戏延伸

◎等孩子熟悉之后可以和更多的小朋友一起来玩游戏。

注意事项

◎爸爸、妈妈在游戏刚开始时不要比孩子早太多说出答案。

◎也不能一直让着孩子，让孩子没有前进的动力。

孩子收获

◎锻炼孩子的触觉。

◎更好地掌握1~10这10个数字。

游戏5 数字接龙

听故事，玩游戏

6岁的辉辉已经能从1数到10了，而且对数字很感兴趣。这一天，妈妈对辉辉说："你已经能数到10了，我想考一考你呀。"

辉辉听到要考自己，非常有信心地说："没有问题，您怎么考啊？"妈妈说："我们就是做一个小游戏，叫作数字接龙。"

说完，妈妈把提前制作好的20张长方形卡片拿了出来，卡片的两头分别写有不相邻的两个数字。妈妈接下来说："每张卡片上写着两个数字，比如'3–8'，那么你就应该找一张左边是'8'的卡片放在这张卡片的右边，如'8–5'，或者找一张右边是3的卡片，放在这张卡片的左边，如'1–3'；下面我再找一张左边是5的卡片接下去，如'5–9'。如果你不能找到可以接上的卡片时，可以说'过'，我可以继续接上，每接一张卡片得1分。看一看谁的分数最高。你觉得呢？"

辉辉说："哦，是这样啊，我知道了，我们开始吧。"于是母子两人开始了游戏，妈妈拿到的第一张卡片是"7–3"，辉辉马上接了一张"3–9"，妈妈放了一张"9–2"。两个人就这样一直接下去，到了"8–1"的时候，辉辉只能喊"过"，因为手中没有写有"1"的卡片，妈妈以领先1分的优势获得了第一。辉辉和妈妈就这样展开了第二局的比赛，他们玩得很是开心。

小朋友，你也能在一堆写有数字的卡片中快速找出写有同一个数字的卡片吗？一起来试试吧！

游戏准备

◎制作长方形卡片，共50张，卡片的两头分别写有两个相同或不同的数字。

◎合适的场地。

游戏步骤

1.妈妈教孩子认识“1~10”这10个数字。等孩子能够快速地认出10个数字后，就可以和孩子一起玩一玩数字接龙的游戏。

2.妈妈先拿一张卡片放到桌子上，卡片上面有左右两个数字，如分别是3和8（3–8），那么孩子就要找一个左边数字是8的卡片放到第一张卡片的右边，如“8–5”，下面就是妈妈再找一张左边是5的卡片接下去。

3.如果不能找到可以接上的卡片时，可以说“过”，这时由另一个人继续接上，每接一张卡片得1分。

4.等两个人都找不到可以接上去的卡片后游戏结束，得分最多的人获胜。

游戏延伸

◎可以找更多的小朋友一起玩。

◎增加游戏难度，不再找相同的数字进行接龙，而是找相邻的数字进行接龙，如“8–5”后面必须接“6–*”。

注意事项

◎刚开始玩数字接龙游戏的时候，注意不要催促孩子，给孩子思考的时间。

孩子收获

◎培养孩子的注意力和观察力。

◎更好地理解和掌握“1~10”这10个数字。

游戏6 小兔钻洞

听故事，玩游戏

6岁的小楠已经学会了5以内的加减法。星期天的早晨，全家在一起晨练。这时，妈妈说道：“咱们家的宝贝能够计算5以内的加减法了。”

爸爸说：“那咱们就可以做一个和数字有关的游戏了！”小楠好奇地说：“用数字还能做游戏啊，怎么做呢？咱们开始做游戏吧！”妈妈说：“好，咱们就做一个‘小兔钻洞’的游戏吧，这样不但可以帮小楠复习一下数字，还能锻炼身体。”

接下来，妈妈就开始介绍游戏规则了：“首先，我们大家来扮演小白兔，我们伸出两根手指举在头顶，就当是兔子的耳朵。然后每人手里拿一个纸条，上面写着一道算术题。第二步，爸爸用粉笔在操场上画5个‘洞’，每个‘洞’里面写一个数字。”

小楠接着问道：“那然后呢？”妈妈说：“大家围成一圈站好。然后一起念儿歌‘12345，54321，小兔拿着一道题，想一想，算一算，看谁钻对得第一’。念完后，大家一起模仿兔子跳，钻入和算术题结果相同数字的洞里。然后按照‘洞’上标的数字的顺序报告，比如钻入1号洞中的人报告：5-4=1，我是1号洞。每个人都报告一遍，计算错误或者报告错误的人退出比赛，其他人接着进行下一轮比赛，直到场上只剩下一个人，比赛结束，场上剩下的人获胜。”

下面，妈妈开始发纸条了，小楠拿过纸条一看，上面写的是“1+2=？”。小楠在心里想好答案，就等着妈妈说开始呢。

大家各自站好后，游戏开始了，小楠快速跑到了标有“3”的洞里，并且大声说：“1+2=3，我是3号洞。”刚说完，大家就为她鼓起掌了……

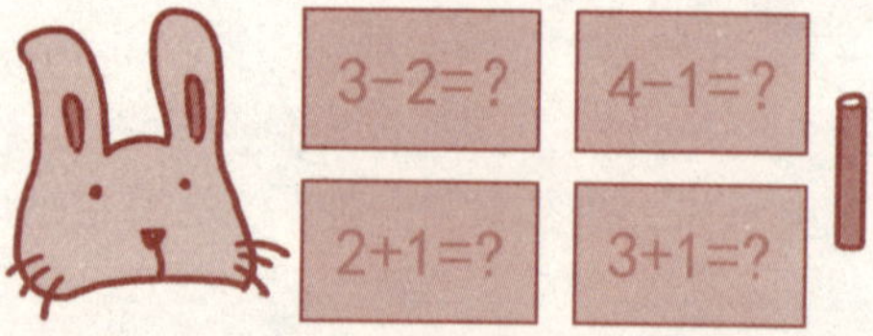

游戏准备

◎小兔头饰、写有5以内加减法的卡片、粉笔。

◎较大的场地，如操场等。

游戏步骤

1.教孩子5以内的加减法。

2.孩子学完加减法后，一家人来到操场，爸爸用粉笔在操场上画了5个“洞”，每个“洞”里面写一个数字。

3.每个人拿一个小兔头饰戴在头上，然后任意选择一张卡片，爸爸、妈妈、爷爷、奶奶和孩子围成一圈站好。然后一起念儿歌“12345，54321，小兔拿着一道题，想一想，算一算，看谁钻对得第一”。念完后，大家一起模仿兔子跳，钻入和算术题结果一致的标有数字的“洞”。

4.然后按照“洞”上标的数字的顺序报告，如1号“洞”的人报告：“5-4=1，我是1号洞”。每个人都报告一遍，计算错误或者报告错误的人退出比赛，其他人接着进行下一轮比赛，最后一个留在场上的人获胜。

游戏延伸

◎孩子熟悉之后，把“洞”增加到10，找更多的小朋友一起来玩这个游戏。

注意事项

◎刚开始比赛，孩子还不适应的时候家长尽量配合孩子的速度入“洞”。

◎如果比赛时孩子已下场，家长也要把游戏做完。

孩子收获

◎复习5以内加减法的计算。

◎锻炼身体。

游戏7 小小收银员

听故事，玩游戏

妈妈带小雅从超市购物回来后，小雅对妈妈说：“我也想当超市收钱的阿姨，我们玩这样的游戏好不好？”妈妈说：“超市收银的阿姨算数都特别好，你的算数怎么样啊？”小雅说：“我也会算数了！”

妈妈高兴地说：“是吗？那太好了，咱们做一个收银的游戏吧。你来当收银阿姨，计算商品价格，如果你算错了，我就当收银员，你做顾客，好不好？”小雅说：“好的，我不会算错的，我的算数可好了。”妈妈说：“那我们先准备一下‘货物’和‘钱’吧。”于是，小雅和妈妈一起把家里的玩具、棒棒糖、瓜子等拿出来，并在纸片上写上1元、2元来做“钱”。一切准备好了，游戏开始了，妈妈拿着两袋瓜子说：“1元1袋，我买2袋，多少钱呢？”小雅说：“2元，谢谢。”妈妈又说：“这个棒棒糖多少钱呀？我要买一个。”小雅说：“棒棒糖1元一个。”“那我要2袋瓜子，再要一个棒棒糖，一共多少钱呢？”小雅认真地数着瓜子和棒棒糖说：“瓜子1袋1元，2袋是2元，棒棒糖1元，那总共是3元。”妈妈掏出纸币说：“你说这是多少钱啊？”小雅回答道：“有一个1元的，一个2元的。对不对？”妈妈笑道：“小雅算对了，看来我是当不成收银员了。”小雅说：“妈妈可以当收银员，我也要当顾客，我要考一考妈妈呢！”妈妈笑道：“好呀，那你问吧。”小雅说：“我要一个3元的冰激凌，一根2元的火腿肠，应该多少钱啊？”妈妈说：“正好5元。”小雅想了想说：“妈妈的算数也很好嘛。”

小朋友，你玩过这个游戏吗？快一起来玩吧。

游戏准备

◎1元、2元“钱币”分别做10张（可用真钱代替），标有价格的商品（价格是整元数，不超过3元）若干。

游戏步骤

1.教孩子5以内的加减法，告诉孩子下面我们要玩的是“卖东西”的游戏，想要成为一个“收银员”就需要知道怎么算这些加减法，要不然没办法收钱。

2.孩子能够熟练地计算5以内的加减法后，教孩子认识钱币，然后开始游戏。

3.孩子是“收银员”，爸爸妈妈是“顾客”。爸爸、妈妈分别来买东西，等爸爸或者妈妈买完东西后送到“收银员”手中，让“收银员”来计算爸爸或者妈妈需要付多少钱。

4.如果孩子算错了，就要和爸爸或者妈妈互换角色，等爸爸或者妈妈出错后再互换。

游戏延伸

◎孩子的计算能力提高后，可以一次买更多的东西，让孩子试一试找零。

注意事项

◎刚开始游戏时，家长尽量只“买”一种或者两种商品，计算难度不宜过大，等孩子计算能力提高后增加商品个数和找钱难度。

孩子收获

◎复习5以内加减法的计算。

◎认识钱币。

游戏8 掷骰子走步

听故事，玩游戏

这几天，小琳迷上了跳九宫格的游戏。这天，小琳又要妈妈陪她一起来玩，可正好下雨，不能到楼下的空地上玩，怎么办呢？

妈妈笑眯眯地走了过来，对小琳说：“琳琳，我们来玩一个纸上走步的游戏吧。”妈妈说完，就拿来纸和笔坐在桌子旁边，不一会儿，妈妈就用笔在纸上画出了一个九宫格。“在纸上走吗？我的脚那么大，根本放不下。”小琳睁着大眼睛不解地问。

妈妈摸了摸小琳的头说：“我们可以用小纽扣来代替我们的脚呀。”妈妈顺手拿出了一个红色的纽扣和一个绿色的纽扣，“这两个纽扣代表我们两个人。”“我要红色的，好吗？”小琳问。“当然可以，那我就用绿色的喽。”妈妈回答。

这时，妈妈拿出了一个小方块，每一面都有几个小红点。“这是什么？”小琳好奇地问。“这个叫骰子，你看看这上面是不是有小红点呢，能帮妈妈说一说都有多少个小红点吗？”“哦，这边1个，这边2个，这边3个……”小琳把每个面都数了一下，最多的6个。

“好的，我们现在就讲讲怎么玩了：轮到谁‘走步’了，谁就把这个骰子往桌子上一扔，看看最上一面上显示的有几个小红点就走几步。不过你一定要认识哦。”“我当然认识了，我会数数的！”小琳在妈妈的帮助下，数数得越来越快。小琳通过玩这个游戏，她的数数能力又进步了！

游戏准备

◎骰子、笔、纸等。

◎孩子对数字有一个基本的认识，懂得数字的现实意义。

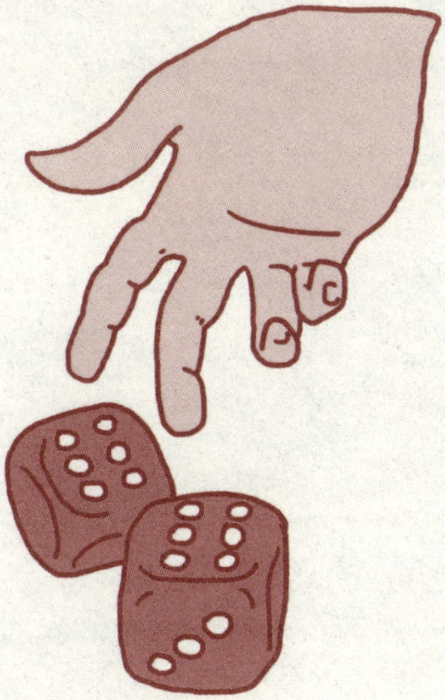

游戏步骤

1.帮孩子理解数字的现实意义，比如“1”可以代表一个苹果，也可以表示“走了一个格子”。

2.用彩笔在纸上画出九宫格或其他的格子来。

3.让孩子认识一下骰子，并数一数骰子每面有几个小红点。

4.让孩子对“数字”和“走步”联系起来。

5.把骰子投掷到桌子上，看看最上一面有几个小红点就走几步。

游戏延伸

◎把数字和现实生活结合起来，培养孩子对数字的理解。

◎用两个骰子一起投掷，用两数相加或相减得出的数字作为“走步”的步数。

注意事项

◎孩子对数字的认识要循序渐进，对大于“5”的数字的学习要有一个过程。

孩子收获

◎认识数字并且学习理解数字的现实意义。

Chapter 11

培养团队合作精神的游戏

3岁的孩子比以前更加渴望有其他的孩子相伴。他们在一起的时间比以前友好得多了。到4岁时，孩子已经学会分享、轮流玩一种玩具，学会和小伙伴玩合作性的游戏。他们能一起搭积木、玩球类游戏、过家家等。

游戏 1 团结力量大

听故事，玩游戏

周六的晚上，6岁的小娜和妈妈坐在沙发上一起看电视节目。节目里在讲“团结力量大”的事情，于是小娜的妈妈就突发奇想，想和娜娜做几个小游戏，来帮孩子理解“团结力量大”的道理。小娜高兴地答应了。

妈妈找来了牙签大小的一些小木棒，并把小木棒递给小娜，说道：“来，让妈妈看看小娜的力气有多大，看你能不能把这些木棒折断。”小娜拿了一根轻松地就折断了，露出了得意的笑容。然后妈妈又递给她两根，让她一起折，这次也没有费多大的力气又折断了。后来根数一直增加，到了7根一起折的时候，小娜说什么也折不断了。

然后妈妈微笑着说：“没关系，来，我们换个玩法。”说完找来了几张废报纸。“来，跟着我做，像这样撕开它。”小娜跟着妈妈的动作照做，脸上有些疑惑，心里在想：这很简单呀，妈妈想要做什么呢？然后妈妈让小娜把撕开的纸重叠起来再撕。小娜按照妈妈的指示一步步地做着。起初的时候觉得很轻松，到了后来纸越来越厚，“哎呀，我怎么撕不动了呢？”小娜一边自言自语着，一边铆足了劲儿撕着纸。“妈妈，不行了，我撕不动了。”小娜没了力气，看着妈妈说道。妈妈看着女儿努力的样子，微笑着说：“一个小木棍或一张纸很容易折断、撕开，可是当我们折更多的小木棍的时候，或者撕折叠在一起的纸时，就不那么容易了，这个游戏告诉我们一个道理：团结力量大！同样，一个人的力量也许比较小，但是大家团结起来，力量就会非常大的。”小娜听了妈妈的话点点头，之后好像突然想起了什么，指着电视说道：“团结力量大。”两个人开心地笑了。

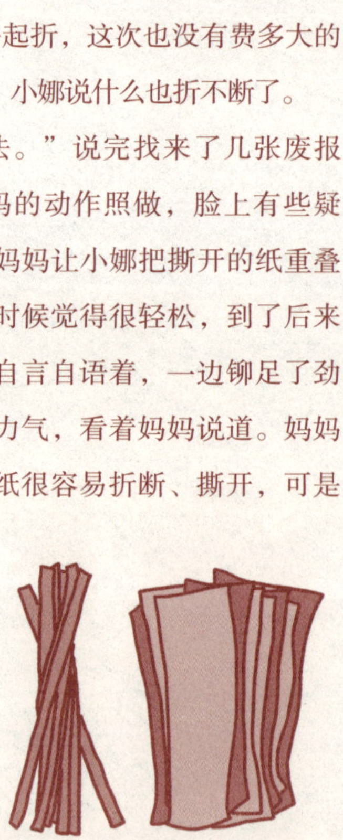

游戏准备

◎20根易折断的小棒、废纸若干张。

◎合适的场地。

游戏步骤

1.妈妈给孩子讲一讲“一根筷子易折断、十根筷子折断难”的故事，让孩子意识到“抱成团”的重要性。让孩子亲自来验证这个故事。

2.给孩子1根小棒，让孩子试一试能不能折断，等孩子很容易折断之后，给孩子5根同样的小棒，如果比较费力但还是被孩子折断了，那么再给孩子10根小棒，这时要还想一次折断这些小棒就不可能了。

3.给孩子一张用过的纸，让孩子从中间撕开，孩子可以很容易地撕开，让孩子将撕开的纸重叠再从中间撕开，这时用些力气还是可以撕开的，然后再重叠撕开、重叠撕开，直到再也撕不动为止。

4.让孩子好好地想一想，为什么那么容易折断的小棒折不断了，为什么那么脆弱的纸撕不动了。

5.等孩子想清楚后，和孩子一起讨论“团结力量大”这句话的含义。

游戏延伸

◎等孩子能够真正理解“团结力量大”这句话后，让孩子想一想我们在生活中哪个方面用到了这句话，举出实例。

注意事项

◎让孩子自己想的时候不要打扰孩子，影响孩子的思路，要让孩子自己理解。

孩子收获

◎由于独生子女的增多，现在的很多家长侧重于对于孩子个人能力的培养，而忽略了合作的重要性。这个游戏可以帮助孩子理解“团结力量大”的真正含义。

游戏2 接力赛跑

听故事，玩游戏

小军看着外面明媚的阳光，让妈妈带他到外边玩。妈妈说："这样吧，叫上乐乐他们几个，妈妈教你们玩一个游戏。"小军高兴地答应了，于是就把邻居家的小朋友一起都叫了出来。

妈妈带着他们几个到了操场上，隔着50米左右的距离画了两条线，一数人数，刚好6个人，于是就将他们分成了两组。

妈妈说："下面我要介绍游戏规则了，我这里有两根接力棒，你们要拿着它跑到对面去交给你的队友，然后拿到接力棒的那个人再跑回这边来交给下一个队友，再跑。接力棒不能掉在地上，先跑完的一个队赢。"几个小家伙听明白了规则之后就各就各位了。

"预备，开始！"随着小军妈妈的一声令下，两队开始飞快地跑了起来。"加油！快点儿！"他们各自为队友加油鼓舞。等到接棒以后又飞快地跑到对面去。经过比赛，最终乐乐他们那一队获胜。

"好了，比赛结束了，玩得开心吗？""开心！""那么你们有没有想过为什么输呢？"妈妈对着小军他们那一队问道。"小军，你说。"妈妈看着他。"我觉得是因为刚才我的鞋带开了，跑不快。"小军有点儿不甘心。妈妈接着说："军军说得对，刚才是因为军军的鞋带开了跑不快，所以整个队也跟着慢了，所以在一个队里面，每一个人都非常重要！只有每一个人都不出现问题，整个队才会更快！大家说对不对？""对。""那还要不要再玩一会儿？""要！"几个小家伙异口同声地说。"这次我们绝不会输给你们！""我们一定会赢!"在妈妈的带领下他们又玩了一会儿。

游戏准备

◎平坦且较大的场地，如操场。

◎接力棒。

游戏步骤

1.妈妈给孩子讲一讲合作的重要性，教孩子“接力赛跑”的游戏，让孩子自己来验证这个道理。

2.和孩子一起来到操场上，让孩子叫上几个小朋友一起来玩游戏。

3.在操场上相隔50米的位置画两条平行线作为游戏的起点和终点线。将所有的孩子分为2组，妈妈作为裁判宣布游戏规则：每组的人数相同，分别站在两端上，裁判宣布开始，每组的第一人拿到接力棒从起点线跑向终点线，并将接力棒交到站在终点线上的第二人手中，第二人从终点线跑向起点线，然后交到第三人手中，直到组中每个人都跑一遍，在跑的途中手里的接力棒不能落地，先跑完的队获胜。

4.游戏结束后，让孩子总结赢得和输掉比赛的原因。

游戏延伸

◎孩子能够真正理解这个游戏后，可以让孩子根据各个组员的能力对大家赛跑的顺序进行调整，看一看怎样才能跑得更快。

注意事项

◎每组实力要相当，不能出现能力强的在同一组，能力弱的在同一组的情况。

◎游戏中注意安全和适度休息。

孩子收获

◎理解团队合作的意义。

◎锻炼孩子的短跑能力。

游戏3 老鹰捉小鸡

听故事，玩游戏

6岁的小丽缠着妈妈讲故事，妈妈给她讲了自己小时候做过的游戏。当讲到“老鹰捉小鸡”的时候，小丽听得入了神，说自己也想玩，并恳求地看着妈妈。

“好吧，那你叫上圆圆，多找几个小朋友，我带着你们玩。”“太好了！”于是小丽打电话联系了6个小伙伴，他们几个在小区的一个空地上集合。

“谁玩过这个游戏呢？会玩的可以给大家介绍一下这个游戏的玩法哦。”小丽妈妈的话刚说完，小丽就抢着说道：“我知道！我来说!”“那好，你来。”“是这样……”小丽很认真地讲完了游戏的规则，生怕有什么遗漏。

“那好，现在来猜拳吧。”经过猜拳，小亮当“老鹰”，圆圆当“鸡妈妈”，剩下几个小朋友则是需要“鸡妈妈”保护的“小鸡”。准备就绪以后，小亮说：“我要抓你们去了哦，小心啊！”说着就向他们追了过去。圆圆立马张开双臂试图挡住“老鹰”，不让“老鹰”把他们抓走，小丽他们几个“小鸡”左右摇摆起来，晃动着躲闪，有时候差点儿被“老鹰”抓走，就会发出一阵尖叫声，然后手抓得更紧了，玩得更高兴了。

经过一番追赶，“老鹰”还是抓到了一只“小鸡”，于是“老鹰”获胜。第一轮游戏结束后，大家又进行了猜拳，重新确立了新的“老鹰”“鸡妈妈”和“小鸡”，几个孩子又开心地玩了起来。

游戏结束了，大家讨论总结的经验是；只有“鸡妈妈”和“小鸡”更好地合作才能让“老鹰”无功而返。

游戏准备

◎平坦较大的场地，如操场。

◎参加游戏的人数应在3位以上。

游戏步骤

1.给孩子讲一讲“老鹰捉小鸡”的游戏，让孩子叫上自己的小伙伴一起来玩这个游戏。

2.用“石头、剪刀、布”的方法从几个小朋友中选出“老鹰”和“鸡妈妈”，剩下的小朋友就是“小鸡”了。

3.游戏开始后，“老鹰”要尽全力地去追逐“小鸡”，希望能够捉到他们。“小鸡”按顺序排成一队躲在“鸡妈妈”身后，以免被“老鹰”捉走。“鸡妈妈”挡在“小鸡”的身前，不让“小鸡”被“老鹰”捉走。

4.如果有“小鸡”被捉到，“老鹰”赢得游戏，“鸡妈妈”和被捉到的“小鸡”为大家表演节目；如果一直没有“小鸡”被捉到，“老鹰”为大家表演节目。

游戏延伸

◎请更多的小朋友一起游戏，人数越多合作越不容易，体会相互配合的重要性会更深刻。

注意事项

◎游戏中注意安全和适度的休息。

孩子收获

◎理解合作的真正含义和配合该如何去做。

◎锻炼孩子的跑跳躲闪能力。

游戏 4 大家一起“走”

听故事，玩游戏

午睡过后，几个小朋友在妈妈的陪伴下到欣欣家玩。大家看天气不错，决定到楼下活动区玩。

到了楼下，欣欣的妈妈说：“欣欣，你能不能在走路的过程中跟妈妈迈相反的腿呢？妈妈迈左腿，你就迈右腿，妈妈迈右腿，你就迈左腿。”

几位妈妈不知道欣欣和妈妈要玩什么游戏，也纷纷围观、模仿，只见欣欣和妈妈并排站立，妈妈向前迈左脚，欣欣就向前迈右脚，妈妈向前迈右脚，欣欣就向前迈左脚，刚开始欣欣还觉得有些慌乱，但没过一会儿，欣欣就走得非常好了，其他的几位小朋友和他们的妈妈也模仿起来。

这时，欣欣的妈妈对周围的人说：“咱们来进行个比赛，用绳子把妈妈和孩子的一条腿绑在一起，然后每位妈妈和自己的孩子是一组，从这条线走到那条线，再从那条线走回来，比比看哪组用的时间最短，哪组就获胜。”

这时，正好欣欣的奶奶也下楼来，想看看孩子们在玩什么，大家就推荐欣欣的奶奶做裁判。妈妈与孩子捆好腿后，奶奶“开始”的命令一出，妈妈和孩子便向前走着，有些孩子还是反应不过来应该迈哪条腿，拖了妈妈的后腿，还有些孩子不敢迈步，妈妈一直迁就着，速度自然慢了下来。欣欣和妈妈之前练习过，因此第一个到达对面的线上。欣欣可能是太过心急了，返回的时候几次走错，差一点儿就不能获得冠军。

游戏准备

◎几段柔软的绳子（不会磨损皮肤）。

◎平整的场地，如小区活动区等。

游戏步骤

1.和孩子一起走路的时候刻意地调整脚步，让孩子看出来妈妈和孩子走路是不一样的，“孩子迈右脚，妈妈迈左脚，孩子迈左脚，妈妈却迈右脚”。

2.等孩子注意到孩子和妈妈的行走规律后，提议试一试如果把孩子和妈妈的脚绑在一起，是不是还能正常地走路。

3.得到孩子的同意后，拿一段绳子，将孩子的左脚和妈妈的右脚绑到一起，走走看。

4.等孩子和妈妈能够配合着走路后，叫上其他小朋友一起来比赛。

5.比赛规则：二人一组，将脚绑好，裁判说开始，大家一起向前走，看哪一组走得最稳最快。

游戏延伸

◎ 孩子们可以熟练地将两个人的脚绑在一起走路后，可以玩另一个游戏，将孩子排成一队，用绳子将相邻人的左脚和右脚连在一起，大家一起来“走一走”。

注意事项

◎注意安全，叮嘱孩子在活动的过程中不要急，慢慢走。

◎注意游戏时间，别让孩子玩得太累。

孩子收获

◎锻炼孩子的快走和相互协调配合能力。

◎让孩子体会合作的重要性。

游戏5 我们一起飞

听故事，玩游戏

星期天的下午，然然看见一只蝴蝶趴在窗子外，高兴地对妈妈说：“蝴蝶！蝴蝶！”可能是因为然然的举动惊动了它，蝴蝶向远处飞去了。然然望着向远处飞去的蝴蝶自言自语道：“我要是能飞该多好啊！”这句话被妈妈听见了，看着孩子神思遐想，妈妈想起很久没和孩子一起玩游戏了，不如今天与孩子一起玩吧。于是妈妈就对然然说：“宝贝，今天爷爷奶奶、爸爸妈妈陪你做游戏好不好？”然然说：“真的吗？那咱们玩什么游戏呢？”“咱们玩一个‘我们一起飞’的游戏好不好？”“那咱们怎么玩呢？”然然问道。妈妈说：“你把爷爷、奶奶、爸爸都叫过来，我给大家讲游戏规则，大家一起玩儿。”一会儿工夫，大家都到齐了。

妈妈接下来说：“来来，咱们把椅子围成一圈，先由第一个人说一种会飞的动物，比如说蝴蝶，大家都离开座位跑向圈内，张开双臂做飞起来的样子，第一个人说‘蝴蝶飞飞，飞得高高的’，大家踮起脚尖向高处飞，当说‘蝴蝶飞飞，飞得低低的’，大家一起弯腰向低处飞，做对了得1分，做错了不得分。当说到‘飞回自己的家’的时候大家一起停止动作，做对了得1分，做错了不得分。”妈妈说：“咱们分成两组，奶奶和爸爸是一组，妈妈和欣欣是一组，爷爷来当裁判，好不好？”大家都表示同意。

游戏开始了，爷爷说道：“麻雀。”大家马上离开座位跑向圈内，张开双臂做飞起来的样子，爷爷接着说道“麻雀飞飞，飞得高高的”，大家立刻踮起脚尖向高处飞，爷爷接着又说“飞回自己的家”，大家各自回到自己的座位。通过这个游戏，然然体会到了只有大家合作起来，才能赢得比赛的道理！

游戏准备

◎比较大的场地，如客厅、操场等。

游戏步骤

1.和孩子讲一讲飞在空中的动物，如麻雀、乌鸦、大雁等鸟类，蝴蝶、蚊子等昆虫，引起孩子的兴趣。

2.爸爸、妈妈、爷爷、奶奶和孩子一起来做“飞”的游戏。

3.大家围成一圈坐下，爷爷说一种动物，如果动物会飞（如蝴蝶），大家都离开座位跑向圈内，张开双臂做“飞”起来的样子，爷爷接着说“蝴蝶飞飞，飞得高高的”，大家踮起脚尖向高处飞；爷爷说“蝴蝶飞飞，飞得低低的”，大家一起弯腰向低处飞；爷爷说“向左飞”“向右方”等，大家一起来做动作，做对了得1分，做错了不得分。当爷爷说“飞回自己的家”时，大家一起停止飞，回到自己的座位，正确回到自己座位的人得1分，回不到自己座位或者回错座位的人减1分。

4.如果爷爷说的动物不会飞，大家都坐在座位上不动，动的人减1分。

5.得分最多的人获胜。

游戏延伸

◎等孩子对这些动物的生活习性和特点熟悉后，可以玩“大家一起跑”“大家一起跳”等游戏。

注意事项

◎场地大而平整，防止孩子在“飞”的过程中摔倒。

◎说各种“动作”时，注意用孩子能够跟上的速度。

孩子收获

◎锻炼孩子动作的协调性。

◎理解合作的重要性。

游戏6 花样拍手

听故事，玩游戏

星期天，邻居家的小明找乐乐一起做游戏：一个当老师，一个做同学。小明站在小黑板前有模有样地给乐乐“讲课”。

“丁零零……”下课铃响了，小明又变成了学生和乐乐一起玩拍手游戏。这时妈妈走过来说：“今天我教你们一个新的拍手游戏好不好呀？”明明和乐乐高兴地说：“好呀，要跟我们平常玩的不一样哦。”妈妈说：“那当然了，这个游戏是我自己发明的，谁都没有告诉过呢！”

妈妈先让两个小朋友面对面坐下，妈妈说：“玩这个游戏，要先学会念这个儿歌，下面我说一句，你们俩跟着说一句。”

妈妈说：“拍手心，拍手背。”妈妈话音刚落，就听见两个孩子异口同声地说：“拍手心，拍手背。”“拍拍肩，拍拍腿。”妈妈接着说。两个小朋友又大声地跟着说：“拍拍肩，拍拍腿。”

妈妈说：“你们会说了吗？”“会了。”明明和乐乐满口答应，紧接着大声地“拍手心，拍手背，拍拍肩，拍拍腿”练习了起来。

之后，妈妈说：“下面我来教动作，我们要一边念儿歌一边拍手，说‘拍手心，拍手背’时，要用手掌拍对方手心2下，拍手背2下，说‘拍拍肩，拍拍腿’时，要先拍自己肩2下、腿2下，再拍对方的肩和腿2下，然后再自拍腿2下、肩2下。听明白的话，就开始游戏吧！”

下面让我们大家一起来玩吧。

游戏准备

◎先学会儿歌《拍手歌》。

游戏步骤

1.妈妈和孩子面对面坐好，边念儿歌边拍手。

2.妈妈和孩子一起说："拍手心，拍手背"，然后各自拍手心2下，拍手背2下。

3.接着说"拍拍肩，拍拍腿"时，拍肩2下，拍腿2下。

4.再说"你也拍，我也拍"时，每人双手自拍1下，两人右手相拍1下，又自拍1下，左手相拍1下。

5.妈妈和孩子一起说："我们俩人乐呵呵。"之后，每人双手自拍1下，2人双手对拍1下，再反复2次。

游戏延伸

◎请更多人一起玩，大家围成一个圈，拍拍手，念儿歌。

◎编更复杂的动作来配合儿歌。

注意事项

◎注意场地平整，避免磕绊滑倒。

孩子收获

◎语言表达能力得到锻炼。

◎培养孩子的合作精神。

经典科学益智游戏，启迪孩子智慧人生。